蓮如上人御廟所

監修者——加藤友康／五味文彦／鈴木淳／高埜利彦

［カバー表写真］
足軽
（『真如堂縁起』部分）

［カバー裏写真］
蓮如上人木像（左）と自筆「お叱りの御書」

［扉写真］
蓮如上人御廟
（京都市山科区西野）

日本史リブレット人 041

蓮如

乱世の民衆とともに歩んだ宗教者

Kanda Chisato
神田千里

目次

親鸞と蓮如

親鸞《しんらん》は、よく知られるように真宗《しんしゅう》▲の開祖とされる鎌倉《かまくら》時代の宗教家である。浄土宗《じょうどしゅう》の開祖とされる法然《ほうねん》▲に帰依《きえ》し、法然教団に対する朝廷《ちょうてい》の処罰に連座《れんざ》して流罪《るざい》となり、のちに関東に赴き、その教えを聞いた人びとのなかから、彼に帰依する弟子たちが生まれた。こうして親鸞の教えは、弟子たちが生み出した諸門流《もんりゅう》により後世に伝えられるにいたったのである。

蓮如(一四一五〜九九)はその親鸞の子孫であり、戦国時代に親鸞の教えを民衆に広め、強大な本願寺《ほんがんじ》教団を樹立した宗教家として知られる。親鸞の子孫がその教えを伝道するといえば、あまり違和感がないかも知れない。しかし後述するように、親鸞の死後かなりの期間、親鸞の子孫たちは親鸞の墓所を守る、

▼**真宗**　親鸞(一一七三〜一二六二)を開祖とする宗派浄土真宗のこと。現在東西本願寺派をはじめ一〇派が存在するが、このなかで宗派名として浄土真宗を使用するのは西本願寺派のみなので、本書では真宗という名称を用いる。

▼**法然**　一一三三〜一二一二。浄土宗の開祖。美作国《みまさかのくに》久米《くめ》の武士漆間時国《うるしまときくに》の子で、夜討で父をなくし出家《しゅっけ》、比叡山《ひえいざん》で修行した。一一五〇(久安《きゅうあん》六)年に遁世《とんせ》、のち浄土宗を開く。比叡山の堂僧《どうそう》だった親鸞は二九歳のとき、比叡山を去って法然の弟子となったという。

いわば墓守りにすぎず、その教えを伝えたのは主として関東の弟子たちであった。親鸞の曽孫覚如《かくにょ》が、親鸞の墓所を本願寺として真宗を伝道する本山《ほんざん》の一つとしたが、その本願寺が強大な本山に成長していったことについては蓮如の伝道が大きな力となっている。

　ともに真宗の伝道に携わった宗教家として親鸞と蓮如はとかく対比されることが多いが、概して知識人層には「親鸞好きの蓮如嫌い」が多いとされる。後世に絶大な影響をあたえる教義を創りだした親鸞と、のちの時代にその教義を民衆に広める事業に携わった蓮如とを比べれば、一方は偉大な思想家、他方は政治的な組織者とみられやすいからだろう。加えて親鸞は明治以降、鎌倉新仏教の祖師の一人として、ルターやカルヴァンなどヨーロッパにおけるプロテスタントのキリスト者のイメージによって描かれることが多かったのに対し、蓮如にはそうした認識の枠組みがなかったという、やや不利な事情もある。

　だが人間は生まれもった資質でしか生きられないし、それ以上に生まれた時代状況や社会的地位において可能なことしかなしえない。「弟子一人ももたず」といいえた、あるいはそうとしかいいえなかった親鸞と、本願寺住持《じゅうじ》として一族や門徒《もんと》たちとともにあゆむべき要請のもとにあった蓮如とを同じ次元で比較することは意味がない。蓮如は一五歳のおりにぜひとも親鸞の教えを広めようと決意したと伝えられるが、本書ではその際、蓮如の直面した時代の課題がどのようなものであり、何故、どのように志しを持続していったかという問いを念頭におきつつ、蓮如の生涯をたどり、その事績を考えてみることにしたい。

①——一揆の教団に生きる

本願寺に生まれる

蓮如は一四一五(応永《おうえい》二十二)年本願寺《ほんがんじ》住持《じゅうじ》の存如《ぞんにょ》の子として生まれた。本願寺は真宗《しんしゅう》の教えを掲げる寺院であると同時に、親鸞《しんらん》の子孫が代々当主となって世襲により維持されてきた家でもある。そもそも親鸞の説く真宗の教えは、初めから親鸞からその子へ、と世襲で伝えられたわけではないし、当初は本願寺という寺院もなかった。前述のように、親鸞から直接教えを受けた弟子たちは関東で伝道活動を行うなかでそれぞれ門流《もんりゅう》を形成しており、彼らが参詣するべく共有していた、京都にある親鸞の墓所の管理を、親鸞の子孫たちに委託していたのが当初の姿であった。

親鸞から教えを受けた関東の弟子たちのあいだで、その教えを広めるなかでいくつもの教団が形成された。親鸞の高弟真仏《しんぶつ》や顕智《けんち》により下野国《しもつけのくに》高田《たかだ》専修《せんじゅ》寺《じ》を拠点に高田派と呼ばれる教団が形成されたし、やはり親鸞の弟子荒木《あらき》源海《げんかい》に始まる集団からは鎌倉《かまくら》後期に武蔵《むさし》国麻布《あざぶ》了海《りょうかい》、その弟子の誓海《せいかい》、明光《めいこう》らがグループを形成し、その系統の了源《りょうげん》が鎌倉末に京都に仏光寺《ぶっこうじ》を建立《こんりゅう》し、仏光寺派と呼ばれる教団が形成された。のちにこれら門流の始祖になる関東の弟子たちに、親鸞の娘覚信尼《かくしんに》は助力を頼んで、親鸞の墓所を寄進したのである。

覚信尼の孫覚如《かくにょ》は、みずから親鸞の教えを継承して広めることを志し、真宗の本山《ほんざん》の一つとして本願寺を創めるにいたった。すなわち親鸞の墓所を管理する「留守職《るすしき》」という地位を、親鸞の血筋を引く自分の子孫が代々継承する権利を獲得するとともに、「本願寺」の寺号を公称し、親鸞の教えをみずからの弟子たちに発信する一拠点としたのである。

こうして本願寺教団が誕生したが、それでも真宗の教団といえば、室町《むろまち》時代前期まで高田派や仏光寺派などの教団の勢力が強く、本願寺派は真宗の弱小な一教団にすぎなかった。さきほどの覚如は門徒《もんと》教化のために著わした『改邪鈔《がいじゃしょう》』▲のなかで、門徒たちのなかに念仏《ねんぶつ》をわざと「坂東声《ばんどうごえ》」すなわち関東訛《なま》りで唱える風潮のあることを戒め、この風潮は親鸞の教えといささかの関わりもないと記しているが、このような風潮からも、親鸞の教えの源は関東にあるとの観念が、真宗門徒のあいだでは強かったことがうかがわれる。覚如が本願寺の本

▼『**改邪鈔**』　覚如（一二七〇～一三五一）の撰。当時の真宗諸門流の信仰や行儀に関する二〇の誤りを批判しているが、批判の中心は真宗仏光寺教団であったと考えられている。

尊に阿弥陀如来《あみだにょらい》をおこうとしたが、高田派の反対にあってかなわなかったこともあった。

このように親鸞の教えを継承する真宗門徒のうちにあって、関東諸門流のあいだでそれほど権威あるとはいえず、地位が高いともいえない本願寺教団であったが、蓮如の父存如の時代から、勢力を強め、蓮如の時代には、加賀《かが》国の守《しゅ》護《ご》勢力の抗争に、一勢力として登場するような、強大なものとなっていく。蓮如の生涯はこうした本願寺の動向のなかでたどられることになる。

住持の後継者

蓮如の母は存如の母に仕えた召使いであり、蓮如が六歳のおり本願寺を出奔《しゅっぽん》したという。存如が奉公衆《ほうこうしゅう》▲もだしている将軍家の有力直臣《じきしん》海老名《えびな》氏から正妻を迎えた（『日野《ひの》一流系図』▲）ためだったともいわれる（本願寺史料研究所編『増補改訂 本願寺史』第一巻）。しかし一方、蓮如は存如の「右筆《ゆうひつ》」として聖教《しょうぎょう》を書写し、門徒にあたえるなど存如の片腕としての活動をつとめており、存如の後継者と目されていたと考えられる。たとえば一四三八（永享《えいきょう》十）年に蓮如が書写した

▼**奉公衆**　室町幕府の将軍に直属する武士団。五番に編成されており、将軍親衛隊として独自の結束を保ち、守護の干渉を排する自立的な諸特権が付与されていた。

▼**『日野一流系図』**　実悟が編纂した本願寺家の系図。一五四一（天文《てんぶん》十）年撰。藤原鎌足《かまたり》以来日野家および本願寺家の系統を記し、本願寺家が主要部分を占める。

▼**『教行信証』**　親鸞の主著で、真宗の根本聖典《せいてん》。正式名称は『顕《けん》浄土真実教行証文類《しょうもんるい》』。全六巻。真宗の教理を明らかにするために経典や論釈の文を集め、みずからの解釈を記す。

▼**大乗院門跡**　中世の興福寺の二大院家《いんけ》の一つである大乗院の院主。摂関《せっかん》家出身の僧が入室する院家の院主としてその格式から門跡

『浄土真要鈔《じょうどしんようしょう》』には、「右筆」蓮如が識語《しきご》を記したうえに、さらに存如が識語を書き加えている（堅田修編『真宗史料集成』第二巻、「蓮如識語集」）。いうまでもなく、存如の命《めい》でとくに蓮如が書写したものであるといえよう。加賀国木越光徳寺《きごしこうとくじ》に下付した『教行信証《きょうぎょうしんしょう》』▲も同様である（前掲「蓮如識語集」）。

蓮如といえば、実母が出奔したために、存如の正室からうとんじられ、継子《ままこ》として不遇な青年時代を送ったという伝説が、ともすれば史実のようにみられる場合が多い。しかし実際は存如に見込まれて後継者として育てられたと考えられる。九条《くじょう》家出身の、興福寺大乗院門跡《こうふくじだいじょういんもんぜき》▲となり、興福寺別当《べっとう》▲にも就任したことのある安位寺経覚《あんいじきょうがく》は父存如と親しかったが、存如と経覚との交流の場に、しばしば蓮如は同席している。経覚は母が「一向宗大谷《いっこうしゅうおおたに》」（『大乗院寺社雑事記《ぞうじき》』）つまり本願寺の出身であり、経覚自身「亡母の里」と記しており（『経覚私要鈔《しようしょう》』）、父存如と姻戚関係にあったのである。

両者の関係は単なる姻戚関係のみではなかった。一四五七（長禄《ちょうろく》元）年六月（月は和暦、以下同）、経覚は存如の依頼に応えて阿弥陀名号《みょうごう》一舗を書き送っている（『経覚私要鈔』）。「阿弥陀名号」といえば、もっとも著名な「南無《なむ》阿弥陀仏《ぶつ》」の

という。中世の興福寺では一乗院を近衛《このえ》家が、大乗院を九条家が握り、この二大院家がしばしば対抗関係にあった。

▼**興福寺別当**　興福寺一山《いっさん》の寺務を総裁する統領の地位のこと。寺務ともいう。

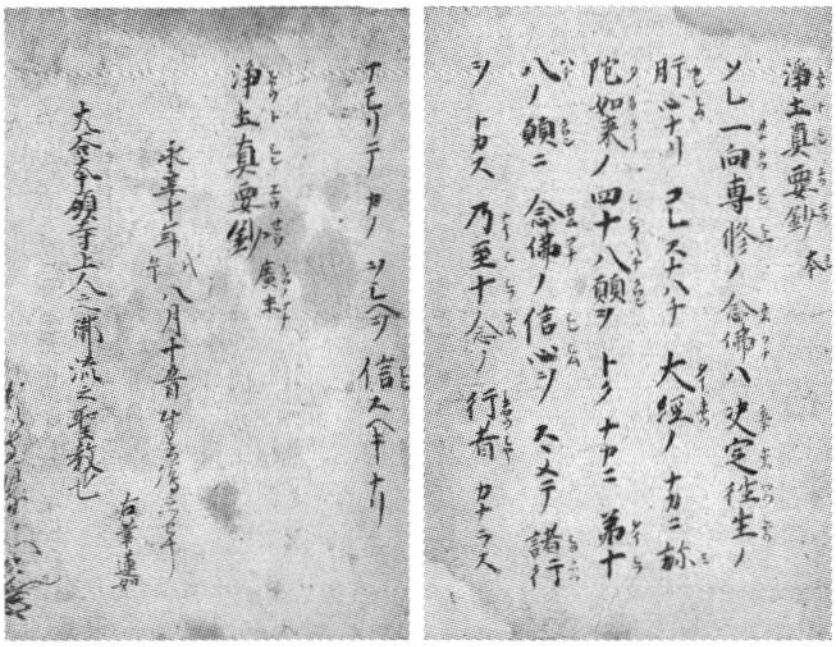

『浄土真要鈔』　覚如長子存覚《ぞんかく》の撰。真宗の要点を説いたもの。

六字はじめ、本願寺の本尊として信仰対象である阿弥陀如来そのものを示すものである。それをわざわざ本願寺側から書いてくれるよう依頼するのだから、信仰の次元での交流さえ推測できるような関係であったのかも知れない。

ちなみに蓮如の第十男実悟《じつご》(蓮如七八歳のときの子)は、蓮如が興福寺大乗院において経覚と師弟関係を結び法相宗《ほっそうしゅう》を学んだと記している(『日野一流系図』)。井上鋭夫氏によれば、一四三八年経覚が将軍足利義教《あしかがよしのり》に追放されたおりのことを記す『後五大院殿御伝』にみえる「千代賀丸《ちよがまる》」は蓮如その人という(『一向《いっこう》一揆《いっき》の研究』)。

存如が死去したことを聞いた経覚は、存如を「無双の恩人」と評してその死を悼んでいる(『経覚私要鈔』)。その両者の交流の場に、蓮如が同席していることにも、蓮如に対する存如の信頼や期待がうかがわれるように思われる。蓮如が本願寺留守職を継ぐべく扱われていたことはまちがいないと考えられる。

本願寺住持就任

しかしこの時代の本願寺では、単に当主が決めただけで後継者となることはできなかった。蓮如晩年の子実悟が伝えるところでは、一四五七(長禄元)年六月、存如が死去したときに正妻如円《にょえん》の子応玄《おうげん》を家督《かとく》として支持する一族や本願寺の家来《けらい》、それに門徒たちの運動により、蓮如は廃嫡の憂き目をみかけたという。結局叔父の助力があって、最終的に一族、家臣《かしん》に加え本願寺門徒らの総意に支持されて蓮如は家督を継ぐことができたとは実悟の記すところである(「実悟記」一二、稲葉昌丸編『蓮如上人行実《しょうにんぎょうじつ》』四二四、以下『行実』四二四と略記)。

何分にも実悟の物心ついたころには蓮如は死去しており、実悟は直接事情を知っていたわけではない。しかし、戦国期の本願寺においてはこのような事件は珍しくない。蓮如の次の住持実如《じつにょ》の方針に対して反対した摂津《せっつ》・河内《かわち》の門徒たちは、実如を本山の法主《ほっす》として認めず、蓮如の子実賢《じつけん》(実悟と同母のすぐ上の兄)を法主として擁立しようと企て、賛同する家臣や門徒は連判状《れんぱんじょう》を作成したと、やはり実悟は伝える(同四三、『行実』四五八)。

実賢の母蓮能尼《れんのうに》が畠山氏《はたけやま》▲の出身であったために、摂津・河内の門徒たちは、畠山氏と対立する細川政元《ほそかわまさもと》▲や加賀門徒に近い実如より畠山氏に縁のある実賢に親近感をもったのかも知れない。いずれにしろ、家臣・門徒たちの動向いかん

▼**畠山氏**　室町幕府の有力大名家で、管領の職務に任じる三管領家の一つ。畠山持国《もちくに》の次の代について、義就《よしひろ》と政長とが家督争いを行い、応仁の乱の要因の一つとなった。

▼**細川政元**　一四六六〜一五〇七。室町後期の幕府の有力大名。細川勝元《かつもと》の子。将軍足利義材《よしき》を廃し、足利義澄《よしずみ》を擁立する明応《めいおう》の政変の立役者として有名。

で本願寺住持、つまり本山法主の地位はゆらぐ場合もあったのである。

蓮如は存如からの譲状《ゆずりじょう》をもっていたとも伝えられる。だが当時の家にあって、それは絶対ではなかった。応仁《おうにん》の乱《らん》のきっかけとなった将軍家における家督争いや、三管領家《さんかんれいけ》のうち斯波《しば》氏▲や畠山氏の家督争いをみてもわかるように、当時の大名《だいみょう》家では、一族や家臣から支持された者が家督を継いだのである。本願寺もまた同様であった。親鸞の血筋であるうえに、加賀・越前《えちぜん》などに拠点をもつ本願寺一族や、本願寺を本山とあおぐ各地の門徒たちの支持が本山法主の地位には必要だった。

このようにトップが全体の意向を代表するあり方を一揆の構造▲と呼ぶことにしよう。本願寺は一揆の構造をもつ家であり、本願寺教団は一揆の構造をもつ教団であった。蓮如は四三歳にしてその頂点に立ち、家中《かちゅう》や教団の総意を代表するべく活動を開始することになる。蓮如は「おれは門徒にもたれたり」「偏に門徒に養はるゝなり」(『空善《くうぜん》記《き》』九四、同九四)といったという。一揆の家と、一揆の教団を率いた蓮如の立場をよく表現しているといえよう。

▼斯波氏　室町幕府の有力大名家で、管領の職務に任じる三管領家の一つ。斯波義敏《よしとし》と斯波義廉《よしかど》とが家督争いを行い、応仁の乱の要因の一つとなった。

▼一揆の構造　当時の武家の家中では、家臣団全体の合議によって家督の地位やその行動が規定されることが多かった。家臣たちが一揆契約を結び、当主の擁立と、その不法への抵抗とを取り決め、当主の側も家臣に対して、彼らの一致した意向に従うことを誓約した家の事例もある。本願寺教団のあり方もまたこれに類似していた。

存如の事業を継ぐ

蓮如の事業は存如の事績を継続しているものが多い。まず門徒に対して連座《れんざ》御影《みえい》を下付したことである。これは掛幅の上段に親鸞を描き、下段に現在の本願寺住持を描くものであり（一二三ページ参照）、親鸞と本願寺住持との教義の継承関係を画像によって明示するものといえよう。

この連座御影は親鸞・存如を描いたものと親鸞・蓮如を描いたものとが知られるが、次代の実如の代にはみられなくなる。関東の弟子たちに由来する真宗教団が優勢の時代には、まだ親鸞の家を本山とする本願寺は、親鸞の教義の継承者として十分な説得力をもっていなかったのであろう。だから視覚的に親鸞との継承関係を示し、その正統性をアピールする必要があったのだと考えられる。このために連座御影の製作を存如が始め、蓮如の時代に継承され、実如の代には、その役割を終えてすたれていったものと思われる。

第二に親鸞の著作『正信偈《しょうしんげ》』▲『和讃《わさん》』▲による勤行《ごんぎょう》のスタイルを始めたことである。本願寺は青蓮院《しょうれんいん》の「候人《こうにん》」（近侍《きんじ》の者）となっており、代々の住持は青蓮院で得度《とくど》していた。だから本願寺の勤行も天台《てんだい》系の寺院で行われた六時礼讃《ろくじらいさん》であった。

▼**『正信偈』**　正式名称は『正信念仏偈』。親鸞の撰述。『教行信証』の行巻末にある一二〇句の偈。真宗門徒のあいだで、これを聖典として勤行に使用した。

▼**『和讃』**　『三帖和讃』のこと。和讃とは和語で書かれた仏・菩《ぼ》薩《さつ》・教法の仏教讃歌。親鸞の撰述である「浄土和讃」「高僧和讃」「正像末和讃」は三帖を一具として扱われ、真宗門徒のあいだで勤行に使用された。

蓮如が三〇余歳、つまり住持就任の一〇年ほど前から『和讃』が勤行に用いられはじめたという（「山科《やましな》御坊《ごぼう》事 幷《ならびに》 其時代事」）。事実、蓮如は「右筆」として京都壬《み》生《ぶ》の金宝寺《こんぼうじ》教俊《きょうしゅん》に『三帖《さんじょう》和讃』を下付している（前掲「蓮如識語集」）のをはじめ、加賀国木越光徳寺にも（本派本願寺本）、近江《おうみ》国手原《てばら》道場にも（前掲「蓮如識語集」）下付している。

一方、三門徒派、仏光寺派など、もともと関東に地盤をもつ教団では鎌倉時代からすでに『和讃』が用いられていた。したがって『正信偈』『和讃』の使用は、関東諸教団の風が存如・蓮如によって持ち込まれたことを示すものといえよう。さきほど述べたように無名に近かった本願寺教団が真宗門徒全体のなかで地位を築いていくうえで必要だったともいえるが、一方からみれば関東諸門流に属していた門徒たちが、この時代に本願寺教団との関わりをもつことが多くなったことをうかがわせるものでもある。

第三に近江門徒への教化を展開したことである。近江国金森《かねがもり》（守山《もりやま》市）の道《どう》西《さい》、堅田《かたた》（大津《おおつ》市）の法住《ほうじゅう》は有名であるが、彼らは存如時代からの門徒であった。金森道西は金森を仕切る在地武士川那辺《かわなべ》氏の出身であり、一族の分家《ぶんけ》には本願

親鸞聖人・蓮如上人連座御影

寺家臣となった家もある。堅田法住は三上《みかみ》神社の神主《かんぬし》家を本家とし、分家には幕府《ばくふ》奉公衆もいる三上氏の出身である。

とくに注目されるのは、元仏光寺門徒とみられる存在が目につくことである。堅田の法住は存如に帰依《きえ》する前に仏光寺で名帳《みょうちょう》・絵系図《えけいず》▲を授与されたと、堅田本福寺《ほんぷくじ》の歴史を記した『本福寺跡書《あとがき》』▲に記されており、おそらく仏光寺門徒から転派したのだろう。また下中村《しもなか》の矢島《やじま》門徒の遺跡を伝える真光寺《しんこうじ》(守山市)も、蓮如に帰依する以前は仏光寺門徒であったとの伝承をもっている。

第四に幕府との人脈をつないで教団の発展を期した点である。存如が海老名氏から正妻を迎えたことは前述したが、蓮如が二〇代後半に伊勢《いせ》下総守《しもうさのかみ》貞房《さだふさ》の娘を娶《めと》ったことも、父存如のこうした方針を示すものといえよう。貞房の伊勢下総守家は代々当主が下総守を名乗る、政所執事《まんどころしつじ》伊勢氏の分家であり、貞房子貞牧《さだまき》、貞牧子貞頼《さだより》はいずれも足利義政《よしまさ》▲の側近としてみえる。また蓮如の嫡子順如《じゅんにょ》、順如のあとから嫡子となった実如の二人はいずれも足利義政室日野富子《とみこ》の兄勝光《かつみつ》の猶子《ゆうし》となっている。さらに蓮如の女子妙秀《みょうしゅう》は足利義政の殿中《でんちゅう》に仕え、左京大夫《さきょうたいふ》を名乗り「妾」となったとも伝えられる。こうした幕府の人

▼**名帳・絵系図**　親鸞弟子荒木源海の門流で、仏光寺派を中心に用いられた。名帳は、専修念仏に帰依する旨を記した趣意書に道場に集う門徒たちが名前を書き連ねたもの。絵系図は師資相承《ししそうじょう》の系図を画像で記したもの。本願寺覚如から真宗の正しい行儀を乱すものと批判されたが、仏光寺教団が室町前期に隆盛であったことの要因ともされている。

▼**『本福寺跡書』**　近江国堅田の本福寺第六世明誓《みょうせい》の撰述した十五世紀中葉から十六世紀中葉の時期を中心とする本福寺の記録。父明宗《みょうしゅう》の記した本福寺由来記・本福寺明宗跡書をもとに、独自の記述を加えている。内容の中心となるのは十五世紀半ばに本福寺法住が蓮如から弟子として受けた厚遇と、蓮如の代ののちに本願寺一族から受けた迫害とである。

▼**足利義政**　一四三六〜九〇。室町幕府の第八代将軍。義政の後

継者に指名された弟義視《よしみ》と、義政実子の義尚《よしひさ》との家督争いが応仁の乱の要因となった。東山《ひがしやま》山荘を建立するなど東山文化に貢献したことでも知られる。

脈によってか、奉公衆松任《まっとう》上野守《こうずけのかみ》が本願寺門徒となっている。

近江門徒への教化

蓮如の近江における門徒教化は、その精力的な活動もあってか、順調に進んだようである。蓮如が存如のあとを継いで本願寺住持になって以降、蓮如が南近江の門徒に下付したことを記す阿弥陀如来絵像、十字名号《じゅうじみょうごう》、親鸞画像などの裏書《うらがき》によって、当時の門徒の状況を概観してみよう。

蓮如が存如のあとを継いだ一四五七（長禄元）年以降六四（寛正《かんしょう》五）年までをみると、栗太《くりた》郡山田《やまだ》村（草津《くさつ》市）の善可、野洲《やす》郡幡摩田《はりまだ》（守山市）の善崇、中村西道場（同前）の西願、赤野井《あかのい》三橋（同前）惣《そう》道場の性賢、金森惣道場の妙道《みょうどう》、山賀《やまが》（同前）の道乗《どうじょう》、荒見《あらみ》（同前）の性妙《しょうみょう》、志賀《しが》郡堅田法住、下中村北（同前）道場の性善《しょうぜん》、栗太郡野路《のじ》（草津市）の円実《えんじつ》、手原（栗東《りっとう》市）の真覚、安養寺《あんようじ》（同前）の浄性《じょうしょう》、野洲郡開発中村（守山市）の妙実《みょうじつ》、栗太郡伊勢落《いせおち》（栗東市）の宗欽、綣《へそ》（同前）の善妙《ぜんみょう》ら宛のものが知られている（前掲『真宗史料集成』二）。現在の守山市、栗東市、草津市にわたる地域や堅田に急速に教線が広がっていったさまがうかがえる。

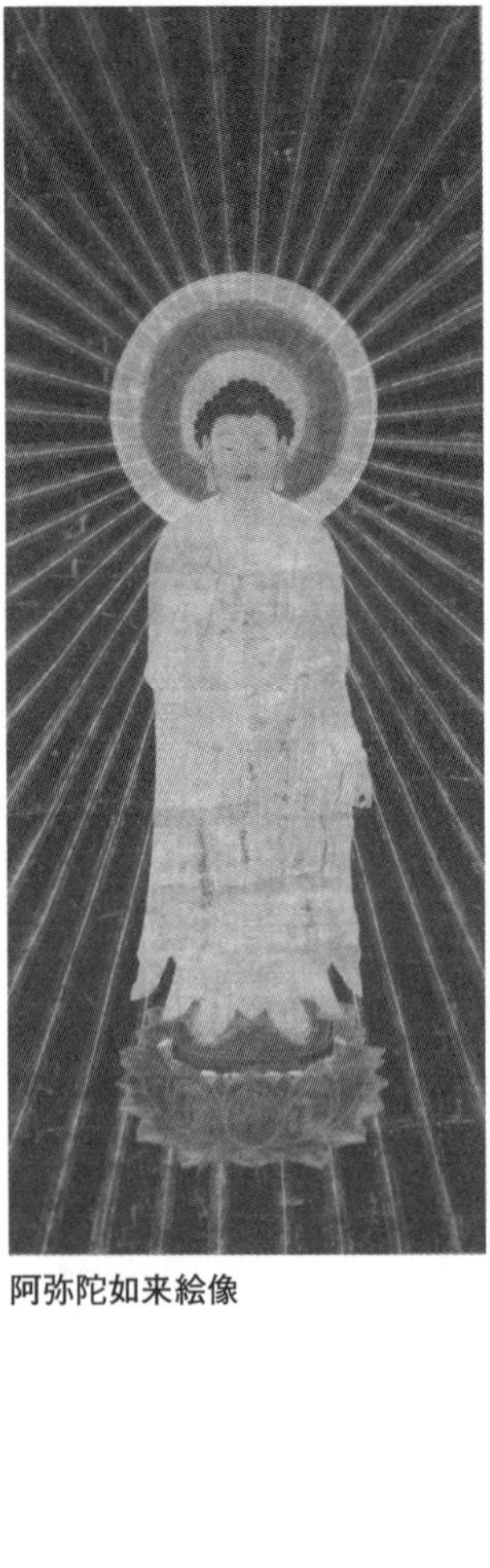

阿弥陀如来絵像

十字名号

蓮如が下付した十字名号は「帰命尽十方無碍光如来《きみょうじんじっぽうむげこうにょらい》」と書かれ、阿弥陀如来の広大な力を強調するものであり、門徒たちはこれを本尊として用いていたために人目を引き、彼らは「無碍光宗《むげこうしゅう》」と称されるほどであった。彼らは独自の信仰をつちかい、なかには名号の本尊を尊重して絵像や木像の本尊を川にすてたり、焼こうとするような動きもみられたという。

こうしたラジカルな行動が、のちにみられるように山門《さんもん》比叡山延暦寺《ひえいざんえんりゃくじ》の動きを誘発したとも考えられるが、しかし彼らすべてが当時の社会秩序に、とくに抵抗するような行動にでたわけではない。蓮如の本願寺は幕府とつながりをもち、前述の松任上野守のように奉公衆にも帰依する者があらわれる(「実悟記」一三、『行実』四二八)など、幕府体制のなかでも支持をえていたと考えられる。おそらく比叡山延暦寺が恐れたのは、幕府内部でも支持をえるような本願寺の隆盛だったと考えられる。それについては後述したい。

▼帰命尽十方無碍光如来　帰命は帰依すること。尽十方無碍光如来は、十方世界にことごとく衆《しゅ》生《じょう》の煩悩《ぼんのう》・悪行《あくぎょう》にも遮られず光明をおよぼす如来、すなわち阿弥陀如来のこと。要するに「南無阿弥陀仏」と同義の名号。

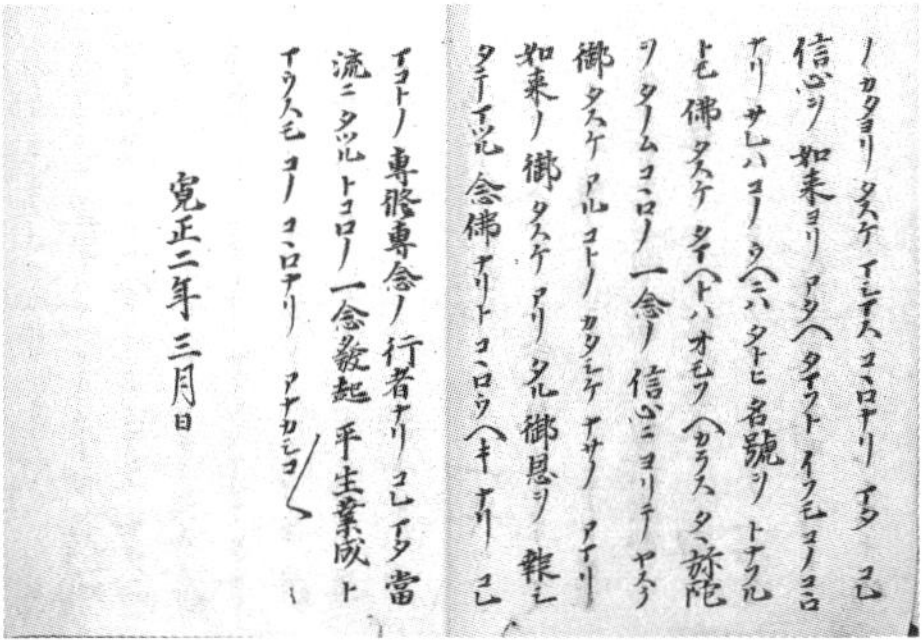
ノカタヨリタスケマシマスコヽロナリ又コレ
信心ヲ如来ヨリアタヘタマフトイフモコノコヽロ
ナリサレハコノウヘニハタトヒ名號ヲトナフル
トモ佛タスケタマヘトハオモフヘカラスタヽ彌陀
ヲタノムコヽロノ一念ノ信心ニヨリテヤスク
御タスケアルコトノカタシケナサノアマリ
如来ノ御タスケアリタル御恩ヲ報シ
タテマツル念佛ナリトコヽロウヘキナリコレ
マコトノ専修専念ノ行者ナリコレマタ當
流ニタツルトコロノ一念發起平生業成ト
イフモコノコヽロナリアナカシコ〳〵
寛正二年三月日

蓮能尼書写御文章

②―比叡山との抗争、吉崎での伝道

東山本願寺の破却

こうした活動が近江《おうみ》に大きな勢力をもっていた比叡山延暦寺《ひえいざんえんりゃくじ》の警戒を招いたのであろう、一四六五(寛正《かんしょう》六)年正月、当時東山《ひがしやま》にあった本願寺《ほんがんじ》は、山門《さんもん》衆徒《しゅと》により攻撃を受けた。攻撃した山門側の言い分はこうである。本願寺は「一向専修《いっこうせんしゅう》」▲を主張して仏・法・僧すなわち三宝《さんぽう》を誹謗《ひぼう》し、「無碍光《むげこう》」という宗派をつくって「愚昧《ぐまい》の男女」を教化したために、彼らは村や町にはびこり、徒党《ととう》を結び、仏像・経巻《きょうかん》を焼きすてるような行為をたくましくしている。まさに「神敵」であり「仏敵」である、と(「金森日記秡《はつ》」)。山門は法然《ほうねん》が念仏《ねんぶつ》による救済を説いたときから、「一向専修」は本地垂迹説《ほんじすいじゃくせつ》により仏の垂迹とされる神を軽視するという非難を行っていた。要するに「専修念仏」は中世の正統的な仏教の思想に背く、というのがその言い分である。これだけみれば山門は蓮如らを、いわば危険思想の徒とみなしたかにみえる。

しかしこの点をあまりに重視するのは考えものであろう。本願寺教団が山門

▼**一向専修**　阿弥陀如来の救済のみを念じ、他の修行を行ったり、功徳《くどく》を積んだりすることを一切否定する考え方。山門などからしばしば仏法を否定する考え方として攻撃された。

のいうとおり危険思想の徒であるならば、この抗争にあたって支配者である幕《ばく》府《ふ》やその要人らが本願寺側を支持したことと矛盾するからである。当初の攻撃が、本願寺を「候人《こうにん》」(近侍《きんじ》の者)としていた青蓮院《しょうれんいん》の仲介で和解が成立したのち、蓮如は今後の事態を考慮して、幕府将軍に訴訟し(「大谷《おおたに》大学蔵蓮如書状写」)、また堅田本福寺《かただほんぷくじ》が伝える『本福寺跡書《あとがき》』によれば、山門との宗論《しゅうろん》▲を行って幕府から勝利の裁定をえようとしたと伝えられる。また幕府政所執事《まんどころしつじ》という幕府の要職にあった伊勢貞親《いせさだちか》▲は、みずからの被官《ひかん》となっている山徒《さんと》に、山門の下知《げち》に応じて近江門徒《もんと》を攻撃することのないよう命じているし(『蜷川親元《にながわちかもと》日記』)、本願寺を攻撃していた山門衆徒のなかには、示談金をはずめば、山門との関係はよしなにはからおう、と本願寺側にもちかけた者もいるという(『本福寺跡書』)。

そもそも最初の山門の攻撃の際、仲介に立った青蓮院(『経覚私要鈔《きょうがくしようしょう》』)が山門延暦寺の天台宗《てんだいしゅう》を奉じる「天台宗三門跡《さんもんぜき》」と呼ばれる寺院の一つであった。またこの本願寺への攻撃の際、同じ親鸞《しんらん》の教義を報じている真宗《しんしゅう》の高田《たかだ》派や仏光寺《ぶっこうじ》派は攻撃をまぬがれている。最初は本願寺以外の真宗諸派にも嫌疑がかけられたが、加賀《かが》・越前《えちぜん》の高田派の門徒は、上洛《じょうらく》して本願寺派とは別であることを陳

▼**宗論**　おたがいに対立関係にある宗派が、大名など裁定者の前で、どちらが正当かの裁定をえるために、論争を行う裁判の一種。中世ではたびたび行われたが、戦国期以降には抑制されるようになった。

▼**伊勢貞親**　一四一七〜七三。室町《むろまち》幕府の政所執事。伊勢氏は政所執事(長官)を世襲する家柄。貞親は応仁の乱勃発の直前に失脚するものの、この時点では執事として将軍足利義政のもとで大きな権力をふるっていた。

述したため、結局山門から「一向専修念仏道場の本寺《ほんじ》」として安堵《あんど》された（「専修寺文書《もんじょ》」）。この点をみても山門が「一向専修念仏」への攻撃を主眼としていたとはいいがたい。

同じく仏光寺に対する攻撃も、仏光寺を「候人」として庇護する天台宗三門跡の妙法院《みょうほういん》が「仏光寺派は本願寺と宗旨《しゅうし》の内容も違い、別物である」と陳弁したために行われなかった（「仏光寺文書」）。さらに後日談をいえば、その後本願寺は山門と和解し、十六世紀に本願寺が強大となってからも、山門とは密接な交流関係をもっていた（後述）。この事件を教義的対立の次元で考えることは適当ではなく、新興の教団を牽制しようとした山門の意図から行われたものとみるのが妥当であろう。

三月、ふたたび山門は祇園社《ぎおんしゃ》に仕える犬神人《いぬじにん》を動員して東山本願寺を破却し（『大乗院寺社雑事記《だいじょういんじしゃぞうじき》』ほか）、さらに近江門徒へも攻撃を加えた（『蔭凉軒日録《いんりょうけんにちろく》』）。しかし蓮如は摂津《せっつ》へと逃れた。その後、近江門徒らはそれぞれの伝《つて》を頼って山門と交渉し、一応の和解をえて、蓮如もこれら南近江の門徒たちのあいだを転々としていたと『本福寺跡書』はじめ、近江門徒に伝わる記録は伝えている。

山門との和睦と蓮如の「隠遁」

一四六七(応仁《おうにん》元)年三月に、青蓮院の仲介により山門との和議《わぎ》が行われた。本願寺が「邪法《じゃほう》を停止」して「正法《せいほう》」に帰することを条件に山門は本願寺と和睦《わぼく》すること、したがって本願寺と諸国の門弟らは安堵されること、そのための条件として、本願寺は嫡子に光養丸《こうようまる》(蓮如の五男、のちの実如《じつにょ》)を立て、山門西塔院《さいとういん》の末寺《まつじ》として毎年三〇貫を納入すること、などが相互で決められた(「本善寺《ほんぜんじ》文書」)。

これから約七〇年後の天文《てんぶん》年間(一五三二～五五年)、本願寺が幕府、諸大名《だいみょう》、公家《くげ》、有力寺社などから、名実ともに加賀の国主《こくしゅ》として認められた時期にいたっても、依然、山門西塔院に末寺銭を納入しており、上記の契約はその後の両者の関係を打ち立てる基礎となったものであろう(『天文日記』▲)。この契約に従ってであろうか、いったん嫡子として譲状《ゆずりじょう》をあたえた順如《じゅんにょ》(蓮如長男)が、相続を辞退したとの理由で、一四六八(応仁二)年、蓮如は「光養丸」すなわち実如宛に譲状を書いている(「本願寺文書」)。

一方このころの蓮如については、実悟《じつご》が書き記した記録のなかに、蓮如には

▼**『天文日記』**　本願寺第十世証如《しょうにょ》(一五一六～五四)の日記。一五三六(天文五)年から五四(同二十三)年におよび、この時期の政治史・社会史の重要史料。

年来「隠遁《いんとん》」の志しがあって、長男の順如に本願寺留守職《るすしき》、すなわち住持《じゅうじ》の地位を譲っていたとの記述がみえる（『蓮如上人《しょうにん》御《ご》一期《いちご》記《き》』）。そしてこれに相応するように、順如の代には、順如が病気で酒ばかり飲んでいたので、本尊の裏書《うらがき》は側近が行っていた、とか、順如養父（実如の養父でもある）日《ひ》野《の》勝光《かつみつ》の命日は精進料理にしたとかいう、「順如の代」の逸話も書き留められている。さらに順如が裏書した本尊画像が近年発見されており、実は順如が蓮如の「隠遁」を機に本願寺住持に就任したのではないか、との説もだされている（吉田一彦・脊古真哉「本願寺順如裏書の方便《ほうべん》法身《ほっしん》尊像（一）（二）（三）」）。

また『本福寺跡書』によると本願寺の象徴ともいうべき、親鸞影像《えいぞう》は堅田（大《おお》津《つ》市）におかれていたが、堅田住民の海賊行為がとがめられ、幕府の命令を受けた山門から発向《はっこう》（武力制裁）を受けることになったおり、蓮如が大津に坊を建てて、親鸞影像を避難させ、ここに安置したという。そのためであろうか、大津も本寺同格とされ、「本願寺」と呼ばれていたとの実悟の記録（『拾塵《しゅうじん》記《き》』）もある。このようにみてくると山門との和睦の際、表立って書かれてはいないが、蓮如が隠居することも和睦の条件としてあったとの想定もできる。

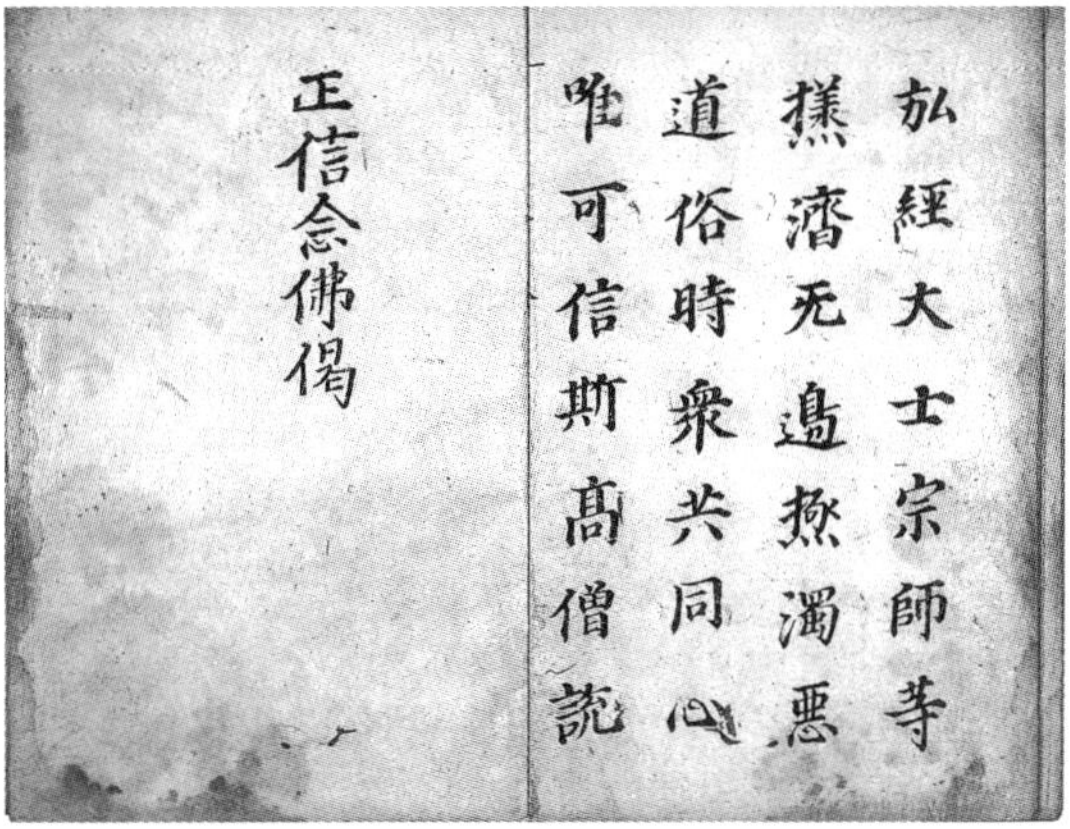
弘經大士宗師等
拯濟无邊極濁悪
道俗時衆共同心
唯可信斯高僧説

正信念佛偈

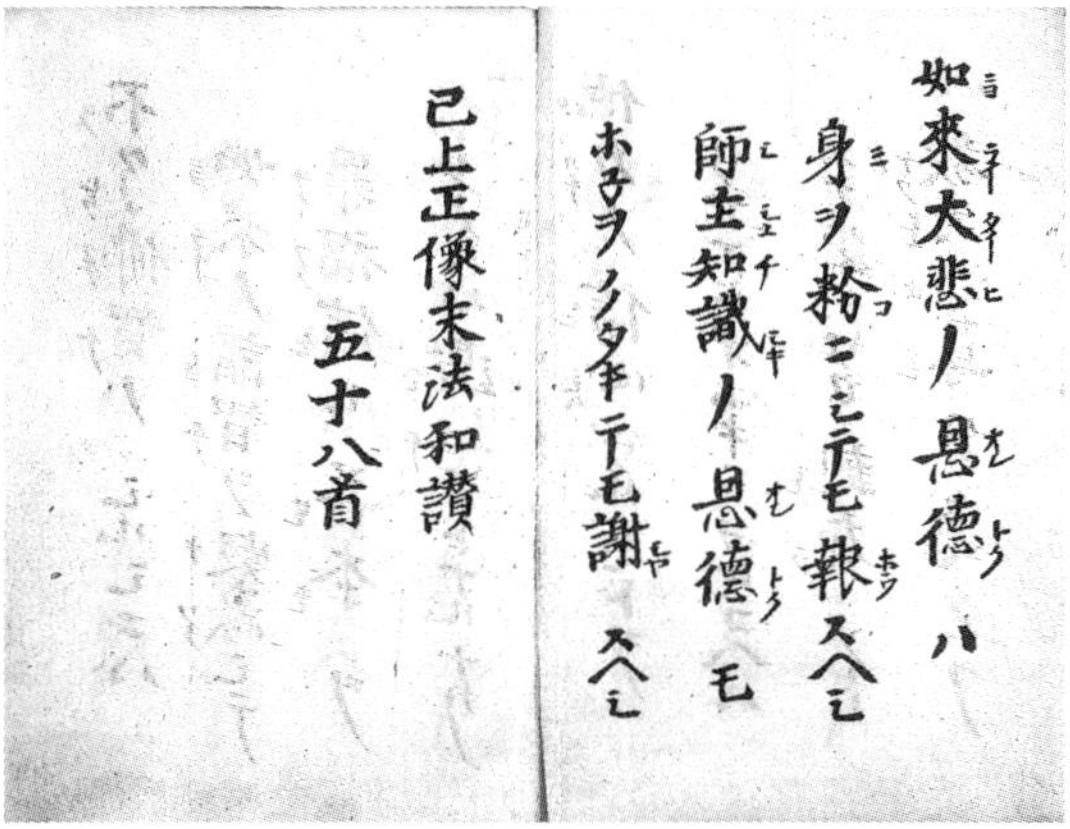
如來大悲ノ恩徳ハ
身ヲ粉ニシテモ報スヘシ
師主知識ノ恩徳モ
ホネヲクタキテモ謝スヘシ

已上正像末法和讃
五十八首

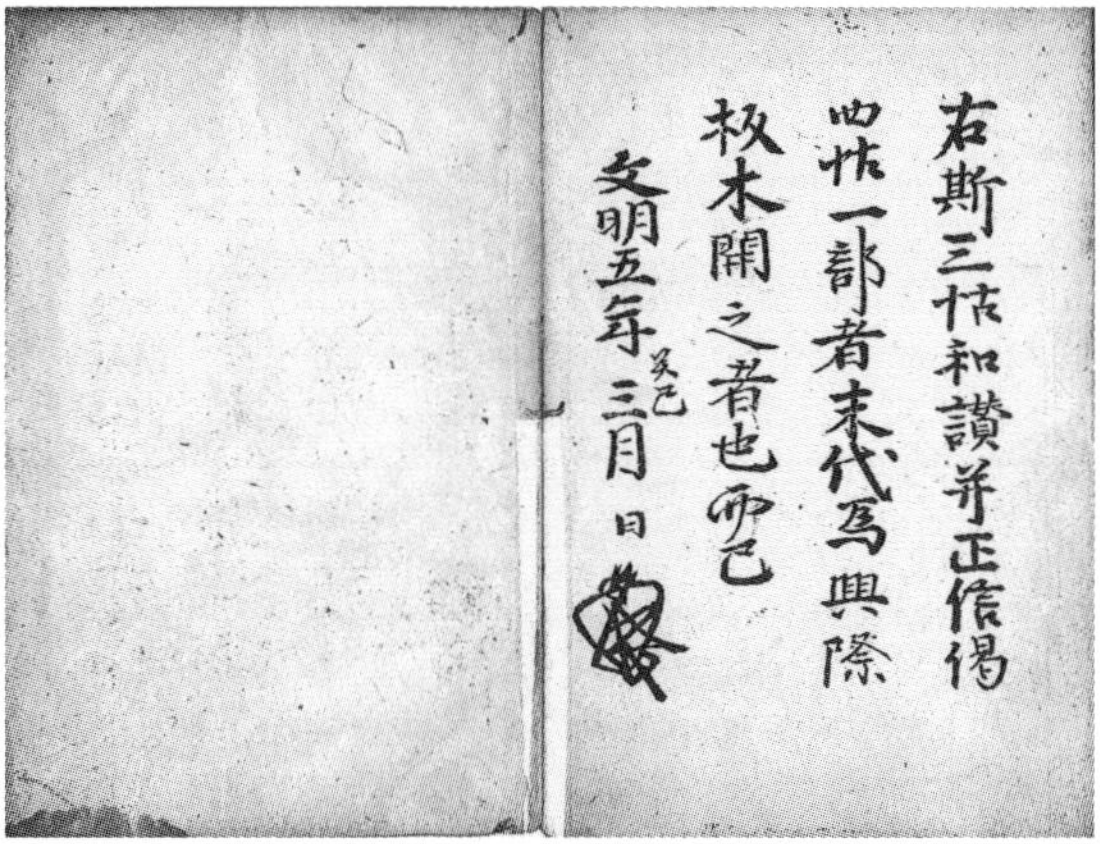
右斯三帖和讃并正信偈
四帖一部者末代為興隆
板木開之者也而已
文明五年癸巳三月 日

蓮如判『正信偈』『三帖和讃』版本(1473〈文明 5〉年 3 月刊行)

山門との和睦がなったあとに蓮如がどのような立場にあったのかは、今後の解明が待たれるところである。事実蓮如はこのあと大津を離れ、各地を遍歴し、一四七一(文明《ぶんめい》三)年には越前国吉崎《よしざき》に移っているのであるから、本願寺からは離れていたといえなくもない。一方、蓮如が実質的に隠居した徴候があるかといえば、これもよくわからない。吉崎滞在中の一四七三(文明五)年三月に、親鸞の著作『正信偈《しょうしんげ》』『三帖和讃《さんじょうわさん》』を開版(版本で刊行)し、その奥書《おくがき》に堂々と自分の花押《かおう》(サイン)を記している(前ページ参照)ことをみれば、教団の指導者であることをやめたとは考えられない。

山門の手前、隠居するという形式をとり、跡継ぎに実如を立てたものの、実質的には教団指導者として精力的に各地で布教し、「開山聖人《かいさんしょうにん》」すなわち親鸞の座所《ざしょ》である大津「本願寺」は、前嫡子の順如が守り、本願寺の事務をとる、というところが実態だったかに想像される。

吉崎にいたる

一四七一(文明三)年四月上旬、蓮如は大津をでて越前国吉崎にいたり、ここに居をすえて伝道を行うこととなった。蓮如が吉崎に向かうと聞いた堅田門徒が、この堅田の地に御坊《ごぼう》を建立《こんりゅう》することを勧めたのに対して、蓮如は比叡山をさして「あれが近いぞ」といったとの逸話がある(『本福寺由来記』▲)。蓮如は、おそらく近江では思うように伝道活動ができないと考えていたのだろう。

蓮如が居をすえた地は、当時の地名でいえば、興福寺《こうふくじ》領河口《かわぐちの》荘《しょう》細呂宜《ほそろぎ》郷《ごう》吉《よし》久名《ひさみょう》のうちとなる。この細呂宜郷は安位寺《あんいじ》経覚の所領となっていた。経覚は前述したように蓮如と姻戚関係にあると同時に師弟関係もあったとされており、蓮如が吉崎の地を選んだのは第一にこうした伝のある土地であったからであろう。

第二の理由として、細呂宜郷は、本願寺末寺の和田本覚寺《わだほんがくじ》が荘官《しょうかん》の一員として地盤をもっていたことが考えられる(『大乗院寺社雑事記』)。河口荘は興福寺の荘園《しょうえん》であり、和田本覚寺は北陸最古の真宗寺院の一つであり、父存如《ぞんにょ》の時代からの本願寺門徒であった。このような在地の有力末寺との伝は、山門の圧迫を避けて活動する蓮如にとって恰好の条件ともいえよう。

第三には、越前国を事実上領有していた大名朝倉《あさくら》氏との関係がある。応仁の

▼**『本福寺由来記』** 近江国堅田の本福寺第五世明宗《みょうしゅう》の残した本福寺の記録。十五世紀中葉に本福寺法住《ほうじゅう》が蓮如に帰依し、蓮如から厚遇を受けたことを記したもので、『本福寺跡書』のもととなる記録。

乱の勃発以来、朝倉氏は山名宗全《やまなそうぜん》▲率いる西軍方の有力武将《ぶしょう》であり、将軍足利義《あしかがよし》政《まさ》や天皇を擁していた細川勝元《ほそかわかつもと》▲率いる東軍方と敵対していた。幕府、とくに将軍との人脈をもつ蓮如は東軍方の一員とならざるをえなかったであろう。いかに吉崎が好条件を備えた土地であろうと、西軍方の朝倉氏が支配する吉崎にいくのは困難だったのである。ところが一四七一年二月末、朝倉氏は東軍方へ寝返る。それを待っていたかのように、蓮如は吉崎にいたったのである。

七月に吉崎には坊舎《ぼうしゃ》が立ち、加賀・越前・越中《えっちゅう》の門徒たちが競いあうように他屋《たや》▲を建設したため、一〇〇軒から二〇〇軒が立ちならんだという。中央に馬《ば》場《ば》大路《おおじ》をとおして、北大門・南大門が建てられ、寺内町《じないまち》が形成された。そのありさまを蓮如は次のように述べている。「この両、三ヶ国(加賀・越前・越中)の中でも、おそらくはこれほど防備の行き届いたけっこうな場所はよもやないと思われる。だからこの吉崎の山中に幾千万という道俗男女が出入りしている」ので、「神官《しんかん》や、聖道門《しょうどうもん》(いわゆる旧仏教)や禅宗《ぜんしゅう》・律宗《りっしゅう》の僧侶たちの間でも噂《うわさ》になっている」(文明五〈一四七三〉年八月二日「御文《おふみ》」、稲葉昌丸編『蓮如上人《しょうにん》遺文』二四号、以下『遺文』二四と略記)と。吉崎が真宗伝道の、北陸における一大拠点とな

▼**山名宗全**　一四〇四～七三。諱《いみな》持豊《もちとよ》。室町時代の守護《しゅご》大名。応仁の乱の際に、西軍方の大将として細川勝元率いる東軍と戦い、活躍したことで有名。

▼**細川勝元**　一四三〇～七三。室町時代の守護大名で管領《かんれい》にも就任した。応仁の乱の際に東軍方の大将として山名宗全率いる西軍と戦い、活躍したことで有名。

▼**他屋**　多屋とも書く。本寺に参詣する門徒たちが宿泊するための詰所《つめしょ》として、自分たちの本拠である寺坊《じぼう》のほかに本寺の境内《けいだい》に建設された建物のことをさす。田畑の出作期間中に居住する小屋や、出産の際に女性が居住する産屋《うぶや》なども「たや」と呼ばれ、本拠に対する出張所の意が原義とされる。

「吉崎御坊古絵図」

って、人びとの注目を集めていったさまがうかがえる。

『御文』を著わす

蓮如といえば、現在の東西両本願寺教団を中心に読まれている『御文』の著者として知られている。本願寺派寺院では、法要の場で親鸞の『正信偈』とともに僧侶によって読まれ、門徒をはじめ参列者が頭をさげて拝聴するのが法式の一部となっているほど有名である。『御文』は蓮如が参詣した門徒に対し、おりにふれて書きあたえた書翰風の仮名法語《かなほうご》▲が、のちに編纂され、まとまった法語集となったものであるが、そのかなりの部分が吉崎で書かれたことが知られている。いいかえれば『御文』の授与は、吉崎における伝道活動の基本的な方法であり、『御文』をあたえられた門徒は、自分の在所《ざいしょ》に持ち帰り、そこに集う仲間のあいだで読まれ、内容が共有されていったと考えられる。

その内容は多岐にわたるが、だいたいの点は親鸞の説いた「他力《たりき》の信心」すなわち後生《ごしょう》の救済を求める行者《ぎょうじゃ》の行う自力《じりき》の修行では救済されず、人びとが通常信仰する諸神・諸仏にすがることでも救済されず、一切《いっさい》の衆生《しゅじょう》を救おうとする

▼**仮名法語**　仏教の教えを仮名文で平易に書きあらわしたもの。漢語で記された仏典が日本で広く受容されるようになるにつれ、平安時代から仮名文で教理を記すことが始まり、中世には庶民層を対象として盛んに作成され流布するにいたった。真宗で有名な『歎異抄』はその一例。

阿弥陀如来《あみだにょらい》の慈悲《じひ》を信じる以外に救済はないことを、繰り返し説いたものである。その意義については、のちに「⑤戦国の宗教界のなかで」でまた紹介するが、ここで注目したいのは、一見しただけでは親鸞の教義の解説とのみみえる言説が実は、蓮如の吉崎伝道以前から、加賀・越前に浸透していた真宗高田派との競合を意識していたものであったという点である。

たとえば蓮如は、念仏を唱えれば救われると思うのは真実の信心ではなく、それでは救われない。そうではなく阿弥陀如来の慈悲以外の救いはないことを理解することが信心だと説き、みずから唱える念仏は、阿弥陀如来による救済の恩に感謝する、「報謝《ほうしゃ》の念仏」でなければならないと説く。一見すれば「他力の信心」の解説のようにみえるが、この時期、高田専修寺《せんじゅじ》の真慧《しんね》、すなわち真宗高田派の本山《ほんざん》である専修寺の住持が、『顕正流義鈔《けんしょうりゅうぎしょう》』▲という著作のなかでこれを批判している。すなわち「念仏を唱えて助かろうと思うのは『自力の心』で『他力の信心』ではないなどと説くことこそ邪義《じゃぎ》である。阿弥陀如来のことを心にも念ぜず、口にも唱えないでどうして『他力の信心』をえることができるか」と。高田派では蓮如の『御文』に書かれた言説に迅速に反論していることを

▼**『顕正流義鈔』** 真宗高田派の本山専修寺第十世真慧(一四三四〜一五一二)の著。本願寺蓮如に対抗して、高田派が親鸞の正統を継承していることを明らかにするために撰述されたものとされている。

みれば、蓮如の『御文』もまた高田派を意識していることがうかがえる。

また蓮如は、自分が指導する門徒を自分の弟子と思ってはならず、親鸞の弟子として、本質的には同格と考えなくてはならないと説いている。そこで引合いにだされているのは、『歎異抄《たんにしょう》』▲で知られる親鸞の著名な言葉、「親鸞は弟子一人ももたず」という言葉である。この言葉を引きながら、自分は単に阿弥陀如来の代官《だいかん》役を行うのみであり、門徒たちを「御同朋《おんどうぼう》・御同行《おんどうぎょう》」と考えなくてはいけないのに、みずからの弟子を、自分が彼の僧侶であるとの地位を恃《たの》んで折《せっ》檻《かん》するのは言語道断だと述べるのである（文明三〈一四七一〉年七月十五日「御文」、『遺文』八）。これまた、一見単に教義を解説しているようにみえる。

ところが一方、高田派のほうでは師匠から弟子へと親鸞の教えが伝達されていった歴史、すなわち師資相承《ししそうしょう》の関係はゆるがせにできない大事なものだと説く。真慧の著作『十六問答記《じゅうろくもんどうき》』▲のなかでは、この師資相承をあらわす「血脈」こそが大事であり、教義は親子関係ではなく師弟関係により伝達される、その証拠に、親鸞の子であった善鸞《ぜんらん》は親鸞の教えを継承していないが、弟子であり高田派の祖である真仏《しんぶつ》・顕智《けんち》は正当に教えを継承している、と述べる。親鸞の子孫

▼**『歎異抄』**　親鸞の教えを受けた河和田唯円《かわだゆいえん》の著。著者が親鸞から直接聞いた教えを記す一方、当時親鸞門流のなかで行われていた説を異説として批判し、正しい信心のあり方を明らかにしたもの。

▼**『十六問答記』**　専修寺第十世真慧の著。門徒からの一六項目の質問に逐一答えるという問答形式になっており、真宗の教義、儀礼、法式について説いている。

である本願寺と、親鸞の弟子筋の継承者である高田教団とどちらが正当な継承者かを比較、強調した本願寺派批判であることは明白であろう。

とすると「弟子一人ももたず」を強調した蓮如の言葉は、なかなかに意味深長である。事実、吉崎の隆盛により、蓮如率いる北陸教団は、北陸の高田派と対立を深め、一四七四(文明六)年の一向一揆勃発にいたるのである。

「一向宗」への伝道

吉崎における蓮如の伝道に従った人びとは、どのような人びとだったのだろうか。蓮如はさきほどみたように、親鸞の教義の基本的事項を説明しているから、その教化対象は、およそ親鸞の教義など知らなかった人びとではないか、との印象を受け、「在家《ざいけ》」の、いいかえれば日常的に仏法とは関わりのない俗人《ぞくじん》が多かったのではないか、と考えられがちである。しかし、参集した人びとはそのような人びとばかりではなかった。すでにさまざまな宗派の教義にふれ、日常的には俗人の教化に携わっている人びとも多かったのである。

たとえば蓮如は次のようにいう、「最近は越前・加賀両国の中で、仏法につ

▼十劫正覚　阿弥陀仏が悟りを開いたときをさし、現在から十劫という長い年月をへているとされる。これをけっして忘れないことを信心とする、真宗の教義に反した信仰者も吉崎に参集していたことがうかがわれる。

いて、経典《きょうてん》などを読んで人々を勧化《かんげ》する人々が、五人いるとすると五人とも、それぞれにその教化の言葉は異なっているということである。その原因は要するに、正しい教義をきちんと受け継いでいないことにある。ある場合には天台・真言《しんごん》などの宗派の末端にいる人々が、ある場合には禅宗《ぜんしゅう》教団の末端にいる人々が、自分の受け継いだ用語法などを用い、自己流の勝手な解釈を行って、人々をたぶらかしているのである」（文明六〈一四七四〉年六月二十一日「御文」、『遺文』四二）と。

また次のようにもいっている。「最近は念仏者の間で、突飛な言葉を用いて、これこそ信心を得た者の姿であると主張し、この真宗の信心をよく知っていると思い込んでいる者がいる。その言葉によると、『十劫正覚《じっこうしょうがく》▲以前から阿弥陀如来が我ら衆生の往生を定められたことを忘れないことこそ信心である』とのことである。これは大間違いである。阿弥陀如来が我ら衆生の往生を定められたことを知っていたとしても、我らが何故他力の信心により往生できるかを知らなければ、無意味である」と（文明五〈一四七三〉年九月下旬「御文」、同三二）。真宗とは筋の違う言説が、参集者たちのあいだで行われていたさまがうかがえる。

今日のような、教義と教化の組織とを備えた教団はまだ広まっていない中世でも、日常的に説法の場が設けられ、さまざまな宗教者が、一般聴衆に仏教を説くことは盛んだった。そのような宗教者たちが、蓮如の説く教えに惹かれ、みずからの説法に取り込んで説法する、というような場面が想像される。もちろんこうした宗教者で、蓮如の教説に動かされ、深く帰依《きえ》した人びとが多かったことは想像にかたくない。しかし、それでは彼らに蓮如の教説が、正確に受け取られたかといえばそれは別問題である。むしろ、仏法への志しが深いだけ、日常的に耳にする教説にとらわれることも多かったかも知れない。

こうした人びとが、蓮如の教説をさまざまに変容させて説いていたと考えられるが、そこにある顕著な傾向がみられる。彼らのなかに、われわれは「一向宗」である、と説く者が多かった。蓮如は次のようにいう、「この(親鸞の)宗旨を、自分からも、他宗からも『一向宗』と称していることは、全く納得のいかないことである。親鸞聖人《しょうにん》は『浄土《じょうど》真宗』と名付けられたのだから、他宗の人々が呼ぶのは仕方ないにしろ、この(親鸞の)流派の人が自ら『一向宗』と称することは全くの誤りである」と(文明五年九月下旬「御文」、同二九)。

「一向宗」は通常、親鸞の真宗の別名とみなされることが多いが、これは江戸時代の、真宗の呼称に基づいた見方である。中世の実態からいえば、真宗に限らず、時宗や浄土宗の一派などに対して幅広く用いられる呼称であった。そればかりでなく、「一向宗」と呼ばれる人びとのなかには、加持《かじ》・祈禱《きとう》、占い、医療など、およそ真宗からは遠いと思われる呪術《じゅじゅつ》的宗教行為にかかわる人びとが多かった。蓮如の教説は、こうした中世の「一向宗」であると理解されることが多く、そしてそのような「一向宗」が参集したのである。

蓮如はいう、「この(親鸞の)流派を昔から人々は皆、異常で汚《きたな》らしい宗派と言ってきたが、無理もない話である」、「他宗の人々に対して公然と自分の宗旨の正しさを説きたてるようなことをするからである」、「このような悪評が立つのは相手に非があるのではない、身から出た錆《さび》と心得よ」(文明五年九月「御文」、同二七)と。事実、加賀・越前・越中にあった、伝統的な信仰拠点、加賀の白《はく》山《さん》、越前の平泉寺《へいせんじ》・豊原寺《とよはらでら》、越中の立山《たてやま》などの僧侶や衆徒たちと、門徒たちとの軋轢《あつれき》の生じたことが『御文』からうかがえる。

③—門徒の一揆のなかで

加賀国の東軍派・西軍派

前章で述べてきた蓮如の越前国吉崎《えちぜんのくによしざき》における伝道活動は、やがて加賀《かが》国守《しゅ》護富樫《ごとがし》家をめぐる政治的対立に巻き込まれていき、いわゆる一向一揆《いっこういっき》の勃発をみることになる。ここで、蓮如が吉崎に滞在していた当時の、加賀国の政治状況を簡単にみておくことにしたい。応仁《おうにん》の乱《らん》勃発当時、加賀には北加賀半国の守護赤松《あかまつ》氏と南加賀半国守護の富樫氏とがいた。赤松氏は細川勝元《ほそかわかつもと》率いる東軍派であったが、富樫氏の当主政親《まさちか》は、当初は東軍派とは対立する山名宗全《やまなそうぜん》方の西軍派だったとも、早い時期に東軍派に降参したともいわれる。戦場となった京都での、このような敵味方の関係は、やがて本拠地の加賀国へも飛び火していった。加賀国の武士たちが、それぞれの主君《しゅくん》に従ったために、加賀国内に東軍派、西軍派の争いが持ち込まれることになったからである。

まもなく赤松氏が加賀の支配権を喪失すると、今度は富樫家の内部が東軍派と西軍派に分裂し、加賀国の武士たちはそれぞれ支持するほうについたため、加賀国内を二分する抗争が続いた。両方のうち優勢だったのは、加賀の有力国《こく》人《じん》の支持をえていた西軍派の守護富樫幸千代《こうちよ》であり、前守護であった富樫政親は国内の東軍派の武士たちを組織して幸千代と対立していたが、劣勢であり、越前国へ逃げていたとも伝えられる。さきほどみたようにこのころ、越前国を実質的に支配していた朝倉《あさくら》氏が東軍方へ寝返ったために、越前国は東軍派の拠点となっていたからである。

朝倉氏の寝返りは、加賀にも影響をおよぼさずにはいなかった。越前では、もともと守護代《だい》の家柄であった甲斐《かい》氏が、朝倉氏と抗争していたが、やがて朝倉氏の力が伸張していった一四七二(文明《ぶんめい》四)年、越前にいる甲斐氏の与党は朝倉軍と戦い、敗れて加賀国へ逃げ込んでいる(『大乗院寺社雑事記《だいじょういんじしゃぞうじき》』)。こうなると、加賀には越前からも西軍方の武士たちが集まり、もともと強力であった加賀の西軍派はますます優勢になっていくことは想像にかたくない。事実、翌一四七三(文明五)年には、富樫幸千代の軍勢が政親のいる加賀国山内荘《やまのうちのしょう》(白山《はくさん》市)に攻め込んでおり、政親は苦境に立たされていた(『蜷川親元日記《にながわちかもとにっき》』)。

こうしたなかで、東軍派に属していた蓮如のいる吉崎を拠点とする本願寺《ほんがんじ》門《もん》徒《と》と富樫政親が結びついていくのは自然の成り行きであろう。一四七三年十月には、吉崎に参集する他屋衆《たやしゅう》の決議を受け、「牢人《ろうにん》がやって来たため、方々からあらぬ噂《うわさ》を立てられて迷惑している。自分は所領に対する野心もないのに、何故罪咎《つみとが》を受けなければならないのか。修行のために魔物や鬼神を退けるため、または盗賊を用心するためだけに防備を固めていることを(謀反《むほん》の企《たくら》みでもあるかのように)咎められ、攻撃を受けるのなら、仏法のために命を惜しまず戦うことを全員一致して決議した」と蓮如は述べている(文明五年十月「御文《おふみ》」、『遺文』三七)。富樫幸千代と富樫政親との抗争は吉崎の門徒を巻き込んだのである。

本願寺派と高田派

こうした応仁の乱に由来する東軍、西軍という対立に加え、吉崎における蓮如の伝道は、本願寺派と高田《たかだ》派との対立を生み出した。すでにみたように、高田派からは蓮如の教説に批判が加えられ、蓮如の側も多分に高田派を意識した教化を行っていた。こうしたことが両派の対立をいやがうえにも大きくしたことは想像にかたくない。蓮如が『御文』に記すところでは、高田派門徒は「長期にわたって、本願寺門徒に敵対し、本願寺門徒のいる在所《ざいしょ》で、殺害、あるいは放火など様々な悪行を行った」という(『柳本御文集《やなぎほんおふみしゅう》』)。

さらに対立を大きくしたのは、高田派が守護富樫幸千代に働きかけて味方につけたために、本願寺派は高田派のみならず守護勢力を敵にまわすことになったことである。前述のように、ただでさえ東軍方の富樫政親との結び付きを噂されていたのだから、守護方との対立は決定的となり、本願寺派はいやおうなく東軍派勢力として、加賀国内の西軍派と対立せざるをえなくなった。「(守護方が本願寺方を)誅伐《ちゅうばつ》しようと企んだから、仕方なく『山内方《やまうち》』(富樫政親方)と結んで(守護に)反抗した」(同上)という。

こうして一四七四(文明六)年七月、戦端が開かれる。加賀白山比咩《しらやまひめ》神社に伝わる『白山荘厳講中《そうごんこうちゅう》記録』では、「念仏宗《ねんぶつしゅう》の高田派と本願寺派とを(加賀の)国民が争った」とあり、本願寺派と高田派との対立が加賀国内を巻き込んだと叙述されており、この両派の対立が、東軍方・西軍方の対立に劣らず重要なものと認識されていることが注目される。この記録はさらに「幸千代殿方《とのかた》」はすなわち「高田の土民方《どみんかた》」、もう一方を「次郎殿御方《みかた》(味方)」すなわち富樫政親方と記し、勝った富樫政親方の「国民」は「本願寺の威勢」を借りて狼藉《ろうぜき》を行ったと記している。この抗争を一貫して富樫政親・本願寺派と富樫幸千代・高田派との抗争とみていることがわかる。

一方、畿内《きない》の大和《やまと》国奈良にいた興福寺《こうふくじ》大乗院門跡《もんぜき》の尋尊《じんそん》は、その日記『大乗院寺社雑事記』に、「一向宗」の土民と「侍分《さむらいぶん》」との戦いが行われたと記し、侍身分の武士に対する土民の下剋上《げこくじょう》との見方を記している。一つの歴史的事件にさまざまな要素が混在するのは当然のことであるから、このような見方もできるだろうが、『大乗院寺社雑事記』が富樫政親を「東方」すなわち東軍方と記していることをみれば、これが加賀における、東軍方と西軍方との戦いという側面をもっていたことは確かであろう。それとともに、本願寺派と高田派との戦いとの見方も現地では行われていたように、信仰・宗教の要素も、この戦いを考えるうえでは欠かせないものであったと考えられる。

戦いの結果は、富樫政親が勝利し、富樫幸千代は守護の地位を追われることになった。富樫政親と結んだ本願寺の地位は高まり、さきほどみたように、その威を借りた住民の不法行為も行われたという。そしておそらくこの戦いを契機として、江沼《えぬま》郡・能美《のみ》郡・石川《いしかわ》郡・河北《かほく》郡という加賀の四つの郡単位に、「郡」と呼ばれる本願寺門徒の一揆が成立し、現地を仕切るようになる。幕府《ばくふ》もまた所領にかかわる裁定を、守護とともにこの「郡」にも伝達するようになり、「郡」がその存在を幕府にも認められたことがうかがえる。

その地域の名をかぶせて「江沼郡」(「江沼郡中」)、「能美郡」(「能美郡中」)、「石川郡」(「石川郡中」)、「河北郡」(「河北郡中」)、あるいは「江沼郡一揆」「能美郡一揆」などと記される本願寺門徒の一揆こそ、戦国の加賀で自治を行ったとされる一向一揆の実態である。これらの郡一揆は、とりあえずは富樫政親の同盟軍として成立したのである。

仏法のための戦い

実はこの戦いは、蓮如が門徒たちの行った戦争を是認した数少ない事例の一つである。何故富樫政親に味方し、守護富樫幸千代と戦うという、東軍方・西軍方の対立に積極的に介入するような政治抗争を蓮如は是認したのだろうか。敵方に高田派という宗派上のライバルが加担していたことがあったから、という理由も当然考えられるが、ここでは蓮如が門徒たちに表明した、戦闘是認の論理がどのようなものであったかをみてみたい。

蓮如は次のようにいう、すなわち一般論としては、門徒たちのような「百姓《ひゃくしょう》分《ぶん》」の身分の者たちが、「守護・地頭《じとう》」つまり大名《だいみょう》や武士の領主《りょうしゅ》を退治するような謀反は、前代未聞のことであり、あってはならないことである。しかしながら、「年貢《ねんぐ》・所当《しょとう》」など領主に対する貢納をきちんとすませているのならば、その合間に「念仏修行」を行うことは当然許されるべきものである。この、「百姓分」の修行を、慈悲《じひ》をもって容認するどころか、罪悪視し、あまつさえ誅伐するような（守護らの）対応はもってのほかであり、それに対して「謀反」を行うのは「道理至極」である、と（『柳本御文集』）。

すなわち、一般的に被支配者・被統治者が支配者・統治者に対して反抗するのは悪であるが、被支配者である「百姓」（平民《へいみん》）の仏法修行は、当然の嗜《たしな》みで権利であり、その権利が侵害されるなら、支配者への反抗も許される、というのがその骨子といえよう。この論理は後年、本願寺が門徒を一揆に動員するときに、繰り返し表明されたものである。本願寺は原則として、被支配者の反抗・

一向宗の本拠地

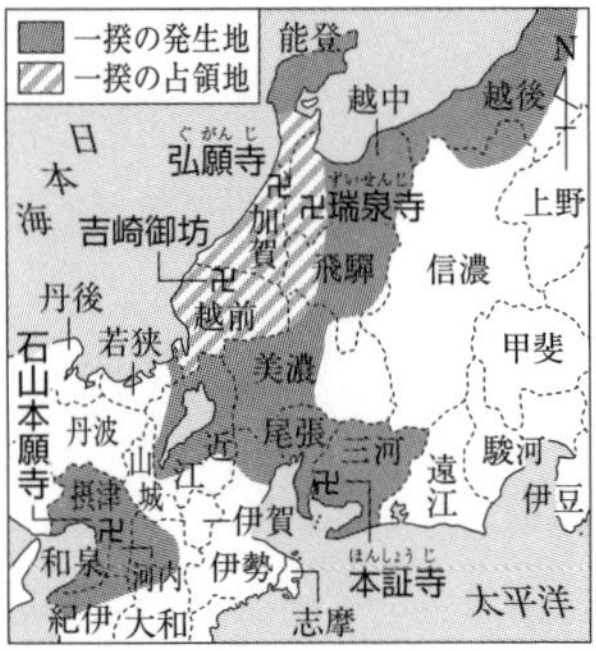

抵抗を是認しなかったが、仏法・信仰の侵害に対しては断乎、抵抗を呼びかけた。一向一揆の際に本願寺が「仏法のために命をすてよ」と門徒に命じたのは、こうした論理によるものである。その意味では、これは一向一揆の論理そのものといってもよいかも知れない。

一方この戦いは加賀の在地の人びとにも、単なる政治抗争ではなく、信仰のための戦いであると認識されていた形跡がある。京都の公家《くげ》中院《なかのいん》家の所領である額田《ぬかた》荘では、一四七九（文明十一）年に得丸名《とくまるみょう》という土地をめぐる訴訟沙汰《さた》があったが、この訴訟の一方の当事者である周応《しゅうおう》という人物の訴状に、「相手方は文明六（一四七四）年の合戦《かっせん》に参加した功績を強調して得丸名の所有権を主張したが、この主張は既に、『文明六年の合戦は仏法の敵を征伐《せいばつ》する廉直《れんちょく》な戦いであり、功績に対する報酬を要求することはできない』との裁定で退けられている」という一節がある（『中院家文書』）。とくに本願寺派の信仰をもつような者のみではなく、加賀住民の通常の認識としてこの合戦が、法敵を打倒する戦いと意識されていたことがうかがわれる。本願寺門徒にとって信仰を守る戦いであっただけでなく、合戦の参加者にとっても仏法・信仰を意識した合戦であったと考えられる。

この合戦前後に京都の禅宗《ぜんしゅう》寺院臨川寺《りんせんじ》の妙雲伯升《みょううんはくしょう》という禅僧《ぜんそう》が、故郷の加賀に滞在していて、蓮如の周囲に集まった本願寺門徒たちのことを次のようにみていたという。「ある無思慮な男（蓮如をさす）が一向宗を呼号して、百姓を煽動したため、百姓は群集し、諸宗派の仏教を攻撃して、その信者を自分の仲間とした。そればかりか領主を殺害し、年貢を略奪し、その勢いは留めることができない。昔中国の元《げん》の時代の平民が、『蓮社《れんしゃ》』の名を僭称《せんしょう》し、無碍光《むげこう》の教義を唱え、自ら導師となって怪しげな行動を広めた。今のいわゆる一向宗はこの無碍光の亜流である」と（『翰林葫蘆集《かんりんころしゅう》』）。加賀の状況を元末の白蓮《びゃくれん》教徒▲になぞらえて、批判している。この僧侶にとって、本願寺門徒の行動は宗教反乱にみえたのだろう。これもまた一四七四（文明六）年の合戦の宗教的性格をうかがわせるものである。

文明七年の抗争と蓮如の退去

蓮如は一四七四（文明六）年の合戦においては、それに参加した門徒の行動を、

▼**白蓮教徒**　中国で宋《そう》代から清《しん》代までみられる民間宗教の一派。南《なん》宋の茅子元《ぼうしげん》が起源とされる、阿《あ》弥陀《みだ》信仰による念仏結社で、しだいに反体制的行動がめだつようになり、元末には各地で白蓮教徒の反乱が起こった。

信仰を守る戦いとして是認した。しかしそれに加えて「しかし、このような行動は私の望むものではない。今後は決してこのような事を企ててはならない。信心にいよいよ精進するとともに、守護・地頭に対しては租税をきちんと納め、決して粗略に考えてはならない」(『柳本御文集』)と釘を刺している。ところが、現実に一四七四年の合戦はそのままでは終らなかった。本願寺門徒たちは守護の地位を回復した富樫政親と抗争しはじめたのである。

一四七五(文明七)年に富樫政親と本願寺門徒とのあいだに衝突があった。この合戦で本願寺門徒勢は敗北し、いったん越中国へ退去するはめになった。このときに戦いに加わった門徒たちは、富樫政親と和睦《わぼく》すべく蓮如にとりなしを依頼する使者を派遣したという。本願寺側の記録によれば、その際にその使者を蓮如に取り次いだのは側近にいた下間安芸蓮崇《しもつまあきれんそう》という人物であり、富樫との抗争を煽《あお》る意図をもってわざと別の趣旨で取り次いだという。すなわち今越中に逃れた門徒たちは加賀にふたたび攻め入るつもりであるから、戦闘の前に彼らを激励していただきたい、との旨を使者の意向として蓮如に伝えたという(『天正《てんしょう》三年記▲』)。

▼『**天正三年記**』　蓮如の第十男実悟の編纂した記録の一つ。

蓮如は本意ではなかったが、門徒たちがそのように決議したというなら、仕方がないと思い、「この度は大儀であった、委細は安芸蓮崇から申し渡すであろう」と申し渡したという。これを聞いた門徒たちの使者は、蓮如の意向は富樫とあくまでも戦うことだと思い込み、越中に帰ったという(同上)。

さらに本願寺側の記録によれば、近江《おうみ》国大津《おおつ》にいた蓮如息順如《じゅんにょ》は、蓮如の権威を借りた下間蓮崇の専横《せんおう》を知り、吉崎にいき蓮如に事情を知らせたため、蓮如はただちに吉崎を脱出した。『天正三年記』によると、その際蓮如に付き従おうとした蓮崇を、順如は船から陸に投げだしたという。こうして蓮如は吉崎を去り、畿内へ戻って河内《かわち》国出口《でぐち》へ移った。

下間安芸蓮崇は越前国の出身であり、和田本覚寺《わだほんがくじ》を通じて蓮如に帰依《きえ》し、もともと学問がなかったが、必死の勉学により頭角をあらわし、蓮如の側近にまでのぼりつめたと伝えられる(『拾塵記《しゅうじんき》』)。蓮崇の手により編纂されたとされる『御文』も伝わっている。その下間蓮崇の陰謀が蓮如の吉崎退去の原因である、というのが本願寺に伝わる伝承である。そのすべてがはたして事実かは不明だが、蓮如が富樫政親と門徒との抗争をきらって、吉崎に参集する門徒との関わりをたったという大筋は、それほど事実から離れていないとみてよいと思われる。

もともと蓮如の立場は、「百姓」たる門徒は守護・地頭の支配に服すべきものということで一貫している。蓮如は信仰とは「仏法《ぶっぽう》領」のもの、すなわち世俗の秩序とは異なった領域のものであると考えていた。その「仏法領」の事柄が世俗とかかわるのは、信仰に弾圧が加えられたときのみである。一四七五年に始まる富樫政親との抗争は、前年のような高田派との抗争でもなく、信仰弾圧が原因でもないのだから、「仏法領」とは無関係であり、蓮如が門徒の行動を支持すべきいわれはない。むしろ政治抗争に巻き込まれることをきらったのであろう。蓮如の吉崎からの退去を門徒への裏切りと評する向きもあるが、蓮如の信仰の論理が一貫していることは確かである。事実蓮如は、吉崎退去ののち、加賀の門徒たちの行動にかかわろうとした形跡はみえない。

一四七七(文明九)年二月に、加賀国額田荘・加納八田《かのうやた》荘の領主である中院家が、同荘に対する守護の押妨《おうぼう》(年貢の略奪)に本願寺門徒が味方していることを訴え、本願寺に門徒の行動を抑制するよう、綸旨《りんじ》を発してほしいと朝廷《ちょうてい》に訴え、天皇から綸旨が本願寺に発せられた。その際本願寺蓮如は、「本願寺は加賀の守護方のことには関係を持たず、加賀から出国しているのに、訴訟の相手とされて綸旨を受けるとは迷惑千万《せんばん》である。門徒が守護の悪事に加担しているのなら、彼らを破門するのみである」と回答している（『十輪院内府記《じゅうりんいんないふき》』）。

蓮如と加賀の本願寺門徒との師弟関係は、吉崎退去後も当然ながら続いた。たとえば「江沼郡中」が山田光教寺住持《やまだこうきょうじじゅうじ》の蓮如息蓮誓《れんせい》を擁立すると伝えてきた際に、まことにありがたいと感謝の意を表したうえで、「なお仏法の信心もしっかり決定するならば、さらにありがたい」と指示している（「六日講・四講《しこう》御文写本」）。また能美郡の門徒が「四講」という信仰組織を結成したときにも、たいへん殊勝なことであると述べたうえで「信仰に関する以外『世間《せけん》』のことに関わってはならない」、「参加人数を制限せよ」、「親鸞が定めた以外の言葉や聖教《しょうぎょう》を用いてはならない」などと指示している（文明十八〈一四八六〉年正月四日「御文」、『遺文』一二〇）。

しかし、これらはあくまで信仰にかかわることである。それ以外の世俗の事柄に対しては無関係の立場を保っていたと思われる。「仏法領」のことでない、所領関係のことには口をださない、というのが蓮如の基本的立場であった。一四七四年の争乱により富樫政親が守護に復位したあと、将軍足利義政《あしかがよしまさ》をはじめ、幕府や公家、寺社など荘園《しょうえん》領主たちが、本願寺に、現地を仕切り、荘園の知行《ちぎょう》を安堵《あんど》するよう門徒らに命令することを依頼したが、蓮如は「これは仏法領のことではない」といったんは謝絶したとの逸話がある(「今古独語《こんこどくご》」)。後述するが、蓮如は仏法の領域を世俗の秩序とは別次元で考えていた。

長享一揆

加賀においては一四八八(長享《ちょうきょう》二)年に、本願寺門徒を中心とする勢力が、守護富樫政親を攻め滅ぼした。加賀一向一揆として知られる有名な事件であり、農民をも含む一揆勢が、守護大名を打倒するという衝撃的な下剋上として、また本願寺門徒が中心になったところから、宗教・信仰の力を示す事件としてこれまでにも大きな注目を集めてきた。しかし近年の研究においては、このような面とはかなり異なる面も明らかにされている。

まず守護大名を打倒したといわれる点について、すでに明らかにされている

▼**足利義尚**　一四六五〜八九。足利義政の長子で、叔父で義政がその出生以前に家督に定めた義視《よしみ》と家督を争う立場となり、このことが応仁の乱の要因の一つであるとされる。第九代将軍として乱後の幕政《ばくせい》を行った。

加賀国の本願寺派寺院の分布

ように、この一揆のあとも加賀の守護家は存続し、加賀の守護大名として認められており(金龍静『一向一揆論』)、守護大名を打倒したとの評価は適切ではない。そもそもこの戦いが守護富樫政親に反対する勢力が、守護家の一員富樫泰高《やすたか》を擁立して戦ったものであり、富樫泰高はこの戦いのあと加賀国の守護となっている。

こうしてみると、いわゆる長享の「加賀一向一揆」は、前述した一四七四(文明六)年の、守護富樫幸千代に反対する勢力が、富樫政親を擁立した戦いと同じ構図である。こうした守護家の内紛は、応仁の乱の原因となった畠山《はたけやま》氏、斯《し》波《ば》氏の家督《かとく》争いにみるように、この時代に珍しいものではないので、富樫政親を打倒した戦いも、このような構図でとらえることができる。

また本願寺門徒が主力となっていた点についても、これが宗教的な意味をもっていたとただちに断定することはできない。なによりも蓮如が門徒の行動を是認したという形跡はない。かえって将軍足利義尚《よしひさ》▲から、一揆に加担した門徒らの破門を要請された際に、「何も知らない尼《あま》・入道《にゅうどう》の類まで破門しなければならないとは、身を切られるように辛《つら》い」となげいたという(「実悟旧記《じつごきゅうき》」二〇〇、

『行実《ぎょうじつ》』三六(三)。そして本願寺と加賀門徒とのあいだを取りもったのは、幕府の有力大名細川政元《まさもと》だったという(『空善記《くうぜんき》』八六、『行実』八六)。こうした点からみて、蓮如がこの戦いを仏法のためと考えていたとは思われない。

むしろこの戦いの主要な側面は、応仁の乱により生じた、加賀国内の東軍方、西軍方両勢力の争いにあったと思われる。たしかに一四七四年には、東軍方の富樫政親が勝利をおさめたものの、この勝利により東軍方の勢力が優勢になったとはいえない。応仁の乱終結の年とされる一四七七(文明九)年に、加賀は将軍(足利義尚)の命にまったく応じない国とされており(『大乗院寺社雑事記』)、一方、富樫政親は将軍足利義尚に馬を献上している(『結番《けちばん》日記』)。加賀国内の動向は富樫政親に必ずしも同調しない、むしろ西軍よりのものであった。一四八一(文明十三)年九月の越前国における内乱では、朝倉氏に反対する斯波氏・甲斐氏の与党は敗れて、みな越前から逃亡し、加賀国に逃げ込んでいる(『大乗院寺社雑事記』)。加賀は依然として西軍派の拠点であった。

応仁の乱後にも東軍派・西軍派の対立が続くとは一見奇妙であるが、たとえば河内国の畠山氏の抗争▲は、この対立が長く継続したことで有名である。この

▼**畠山氏の抗争**　畠山義就《よしひろ》と同政長との家督争いは応仁の乱の要因の一つであったが、乱後も抗争は畿内で続いた。両軍が南山城《みなみやましろ》で長期にわたり対峙したことは一四八五(文明十七)年の山城国一揆成立の原因となった。

ような状況は河内国に限らなかったのではないか。加賀国守護の富樫政親は、一貫して足利義尚に忠実な東軍派の一員であった(井上鋭夫『一向一揆の研究』)。こうした状況では、もともと西軍派の勢力の強かった加賀国で、富樫政親に反対する勢力が結集していくことは想像にたやすい。かつて富樫政親を支持していた本願寺門徒もまた、とくに東軍派に義理立てするいわれはなく反政親勢力に結集していったのであろう。その背景は応仁の乱における守護家の内紛と国内対立だったと思われる。

一四八七(文明十九)年三月、天台座主《てんだいざす》青蓮院尊応《しょうれんいんそんおう》は本願寺蓮如とその後継者の実如《じつにょ》に対して、前管領《かんれい》で越中守護でもある畠山政長《まさなが》の依頼を受けて、加賀・越中の門徒に制止を加えるよう依頼している(『華頂要略《かちょうようりゃく》』)。畠山政長は、東軍方の主力大名の一人であり、足利義尚側近であった。加賀・越中の本願寺門徒は元西軍派の、反足利義尚勢力に味方していた、つまりは反富樫政親方であったといえよう。こうした対立関係のなかで起こったのが、いわゆる長享の「加賀一向一揆」であった。

▼『**光闡百首**』　蓮如の孫（加賀国山田光教寺住持蓮誓の子）顕誓の撰した記録。「光闡」は顕誓の坊号。

④—山科本願寺建設と教団の確立

出口移住後の活動

さきに述べたように、蓮如は下間蓮崇《しもつまれんそう》らが、守護《しゅご》との抗争に蓮如を利用していることに気づき、吉崎《よしざき》を退去した。一四七五（文明《ぶんめい》七）年の八月下旬のことであった（文明九〈一四七七〉年十二月二十九日「御文《おふみ》」、『遺文』九九）。加賀《かが》にいた蓮如の子息、蓮綱《れんこう》（波佐谷松岡寺住持《はさだにしょうこうじじゅうじ》）・蓮誓《れんせい》（山田光教寺《やまだこうきょうじ》住持）が、蓮如の威を借りて側近下間蓮崇が意のままに振る舞っていることをうれえ、たがいに相談し、彼らの兄で近江国大津《おうみのくにおおつ》にいる順如《じゅんにょ》に事情を伝えたところ、順如が吉崎にやってきて、三人で蓮如を脱出させたとされる（『光闡百首《こうせんひゃくしゅ》』▲）。『天正《てんしょう》三年記』によると、順如により蓮如の船から投げだされた蓮崇は磯にひれ伏して泣きながら、船を見送ったという。

船は一日で若狭《わかさ》国小浜《おばま》に到着、そこから丹波《たんば》、摂津《せっつ》をとおり河内《かわち》国出口《でぐち》にいき、その坊に移り住むことになった（同前「御文」）。蓮如退去後の吉崎は越前《えちぜん》の和田本覚寺《わだほんがくじ》が管理していたらしく、蓮如は本覚寺が吉崎の留守を守っていることに感謝を表明している(本覚寺蔵蓮如書状)し、また興福寺大乗院《こうふくじだいじょういん》は、一四八四(文明十六)越前国河口荘《かわぐちのしょう》細呂宜郷《ほそろぎごう》に代官《だいかん》が下向《げこう》する際、本願寺家臣《ほんがんじかしん》から、現地の和田本覚寺への通達書をだすよう本願寺に依頼している(『大乗院寺社雑《じしゃぞう》事記《じき》』)。存如《ぞんにょ》時代からの門徒であり、以前から細呂宜郷の荘官《しょうかん》でもあったことが、吉崎の管理にあたってもあずかって力あったものであろう。

出口に居を定めたのは、存如・蓮如の二代本願寺住持に側近として、仕えた本遇寺賢秀《ほんぐうじけんしゅう》を頼ってのことであり、その際には門徒の御厨石見入道光善《みくりやいわみにゅうどうこうぜん》が坊《ぼう》舎《しゃ》の建設に尽力した(前掲『増補改訂 本願寺史』第一巻)。このあと二年ほどのあいだに、蓮如は摂津国富田《とんだ》の御坊《ごぼう》▲(のちの教行寺《きょうぎょうじ》)と、和泉《いずみ》国堺《さかい》の御坊(のちの真《しん》宗寺《しゅうじ》)を建立《こんりゅう》している(同上)。しかし、こうした蓮如の活動は、いやおうなく畿内《きない》・近国《きんごく》の門徒たちに影響をあたえずにはいなかった。

蓮如が河内国出口に移住してまもなく行われた報恩講《ほうおんこう》▲に、近江国堅田《かただ》からわざわざ法住《ほうじゅう》が参列している。前述のように、近江国大津には、本願寺の御影堂《みえいどう》《ごえいどう》におかれていた親鸞影像《しんらんえいぞう》が安置されており、ここが本願寺と呼ばれたこともあった。かりに建て前のうえにすぎなくても、本山《ほんざん》は大津にある、というのが門

▼**御坊**　本願寺教団で、法主管轄下の本山の別院ないしこれに準じる寺院の呼称。

▼**報恩講**　親鸞の祥月《しょうつき》命日である十一月二十八日を期して、報恩のために行う仏事。七日間行われる。現在はこの祥月命日を現代の暦に換算して正月九日から十六日に行う教団と、新暦の十一月二十一日から二十八日に行う教団とがある。

徒の共通認識であったと思われる。堅田から至近距離にある、しかも本山の親鸞御影のある大津ではなく、何故わざわざ河内国出口まで報恩講のために参詣するのか、と蓮如の側近である空念《くうねん》という僧がたずねたところ、法住はどこの親鸞御影に参詣しようと同じことだと回答したので、空念はそれなら堅田にも御影はあるではないか、と切り返したところ、法住は絶句してしまったという（本福寺《ほんぷくじ》蔵「御文」、『遺文』八五）。

本福寺に伝わる『本福寺由来記《ゆらいき》』には「本山の御影は大津の『御本寺様』にあるが、報恩講は出口殿へ行った」とわざわざ記されているように、存如時代からの門徒であった法住にとっては、大津の順如より蓮如のほうが善知識《ぜんちしき》としてふさわしい存在だったのではないか。すでに蓮如が吉崎にいたころ、これも蓮如の初期の門徒である安養寺幸子坊《あんようじこうしぼう》は「大津のていたらく」が正道を踏みはずした状況だとみて、そのありさまを蓮如に訴え、大津門徒の現状を叱る御文を蓮如に所望している（文明七年四月二十八日「御文」、『遺文』七八）。蓮如時代からの門徒たちにとって、蓮如の畿内復帰は、ながく待ち望まれてきたことだったのかも知れない。

蓮如の声望は畿内の念仏者《ねんぶつしゃ》たちにも、結集すべき目標をあたえたように思われる。出口に移住してからすぐ、蓮如は何通か御文を書いているが、そのなかには、親鸞の教義を伝道する念仏者のなかには、自分はずいぶんの仏法者のような顔をしていても、正しい教義は心得《こころえ》ていない、「聞き取り法門」すなわち他人の説法を単に耳で憶えた程度の者たちが多く、たいへんゆゆしいことだ、と批判しているものがみられる。そのうちの一つは次のようにいう、「摂津・河内・大和《やまと》・和泉の四ヶ国の中に、天台《てんだい》・真言《しんごん》などの宗派の末端にいる人々、または禅宗《ぜんしゅう》教団の末端にいる人々が、親鸞聖人《しょうにん》の真宗《しんしゅう》に帰依《きえ》したと言いながら、自分の受け継いだ用語法などを用い、正しく受け継いでもいない法義を説き、本願寺の教義を詳しく知っているなどと言って人をだましているのは真にゆゆしいことである」(文明八〈一四七六〉年七月二十七日「御文」、同八九)と。

どこかでみたような言説だと思われた読者もおられるかも知れない。そう、吉崎にあっても蓮如は同じような言葉で、真宗の伝道者たちをたしなめていたことがある。同じ状況が河内国出口に参集する門徒たちのあいだでも起こっていたのである。畿内では蓮如以前から多かった仏光寺《ぶっこうじ》門徒との接触もあった。

上記の「御文」で蓮如は、「中には仏光寺門徒団に干渉し、『改邪鈔《がいじゃしょう》』などを用いて、その上、真宗にはない胡散臭《うさんくさ》い言葉を用いて仏光寺門徒らを教化しようとする者がおり、もっての外である」と。『改邪鈔』は、本願寺を真宗の中心とする立場から、仏光寺門徒を批判する内容をもつ著作であることを考えると、本願寺派の聖教《しょうぎょう》にある程度詳しい者が、私的な批判の意図から、こうした行為を行っていたとも思われる。蓮如の声望により、さまざまなタイプの念仏者が結集していくことになったのである。

山科本願寺建立

一四七八(文明十)年、正月に蓮如は、河内国出口を去り、山城国の山科郷内《やましなごう》の野村《の》に移り住んだ(文明十年七月「御文」、『遺文』一〇一)。その後和泉国堺にあった坊舎の材木を取りよせて厩《うまや》を建設し、翌一四七九(文明十一)年にはやはり堺の古い坊舎の材木を取りよせて寝殿《しんでん》を建設しはじめ、築地《ついじ》などを拵《こしら》えた(文明十一年十二月「御文」、同一〇四)。翌一四八〇(文明十二)年には大和国吉野《よしの》から材木が門徒たちから寄進《きしん》されて御影堂の建設が始まり、年内に完成をみて、十一月十八日には、「根本の御影像《みえいぞう》」すなわち本山の親鸞影像を大津より山科に移したのである(東本願寺蔵「御文」、同一〇七)。

こうして山科に建立された坊舎は名実ともに、門徒たちの本山である本願寺となったのである。すでに御影堂が完成する直前の八月には、天皇から「本願寺が建設される」とのことで、香箱《こうばこ》が寄進されている(『御湯殿上日記《おゆどののうえのにっき》』)し、さらに同じころには、将軍足利義尚《あしかがよしひさ》の母である日野富子《ひのとみこ》が、本願寺に参詣しており、蓮如は「前代未聞のことであり、只事とも思われない、かたじけないこと」と感激を露わにしている(前掲「御文」、『遺文』一〇七)。竣工間近の坊舎が本願寺派の本山となるものであることは、一般的に知られている事実であったと思われる。前述したように本山の親鸞影像は大津にあり、大津が「本願寺」と呼ばれていた。大津「本願寺」側からみれば本山ではなくなったのである。

この本山交代が行われた事情は未解明である。しかし実悟が記した『拾塵《しゅうじん》記《き》』という記録によれば、本山の親鸞影像の移転に対して、それまで門徒たちの参詣によって、周辺の地域が繁栄していたのに、いきなり山科へ移転されるとは理不尽であるといって、園城寺《おんじょうじ》の大衆《だいしゅ》が阻止することを企てたという。

山科も大して遠い場所ではないとの説得によって、ようやく移転が実現したという。反対したのは園城寺の大衆とは記されていても、親鸞影像は大津にあるべきか、山科にあるべきかをめぐる門徒のあいだでの葛藤《かっとう》をうかがわせる逸話である。

また本願寺門徒の内部でも、教団内対立に発展しかねない問題と意識されていた形跡がある。山科の「御坊」には蓮如がおり、大津の「御坊」には元嫡子の順如がいる状況のなかで当時門徒たちはみな、両方に年始の挨拶に出向いたという(「実悟記」三八、『行実』四五三)。そうしたなかで、山科から大津に向かう安養寺幸子坊と、大津から山科へ向かう法敬坊《ほうきょうぼう》とが出会い、新年の挨拶をした法敬坊に対し、幸子坊は「我らにさようの『公界《くがい》の礼儀』(世間《せけん》の礼儀)は不要である。それより阿弥陀如来《あみだにょらい》の御恩《ごおん》の有難さを一言でも伺いたい」といってとおりすぎたという。「昔の仏法者」の、真摯《しんし》な信仰を伝える逸話である。

そしてこの逸話にみられるように、門徒たちには山科の蓮如と大津の順如と、どちらが教団の頂点に立つかはかりかねるような、予断を許さない事態が、この時期の本願寺教団にはたしかにあったのだろう。山科本願寺の建立も、順風満帆な本願寺の発展という観点からのみ考えられるような事柄ではなかったようであり、その背景には本願寺教団のあり方に根差す政治的対立が想定される。この点については現在の研究状況では未解明といわざるをえない。

たださきに述べたような、蓮如の「隠遁《いんとん》」を前提とした大津の「本願寺」（「②比《ひ》叡山《えいざん》との抗争、吉崎での伝道」）に満足せずに、蓮如のいる「本願寺」こそ、本山とあおぎたいと思っていた門徒たちがいたことは想定できる。すでに述べたように、安養寺幸子坊は「大津のていたらく」が正道《せいどう》を踏みはずした状況だと判断し、そのありさまを蓮如に伝え、大津門徒の現状を叱る御文を蓮如に所望していた。そして蓮如が畿内に戻ると知るや否や、その年の報恩講《ほうおんこう》には、大津の「本願寺」ではなく、蓮如のもとに参詣した堅田の法住がいた。

これらに加え、金森《かながもり》の善従《ぜんじゅう》（道西《どうさい》）が、まだ山科野村に本願寺が建設されることさえ人の口にのぼらない時代に、野村の方角を差して、この方向に「仏法が開ける」と予言していたという逸話がある。これを聞いた人びとは大方、耄碌《もうろく》してこのようなことを口走ったのであろうと思っていたところ、本当に本願寺が建立された、なんとも不思議である、と噂《うわさ》し、善従を法然《ほうねん》の化身《けしん》と呼んだという（「実悟旧記」一三五、『行実』二九八）。金森の善従、堅田の法住は存如時代からの門徒であり、幸子坊も一四六五（寛正《かんしょう》六）年以前にはすでに門徒となっていた。蓮如初期の門徒たちのあいだでは、蓮如の「隠遁」を一刻も早く解消したいという思いが強かったとも想像できる。

もう一つの要因として考えられるのは、山科本願寺竣工の時期に仏光寺の経《きょう》豪《ごう》が、蓮如に帰依して門徒になっていることである。山科本願寺の阿弥陀堂の棟上《むねあげ》が行われたのは一四八一（文明十三）年四月、六月には仮仏壇に本尊が安置されている（文明十三年「御文」、『遺文』一〇九）が、この阿弥陀堂棟上のころに、経豪は順如を介して、多くの門徒を引きつれ蓮如に帰依している（『大谷《おおたに》本願寺通紀《つうき》』▲巻二・六）。蓮如に帰依した経豪は蓮如から蓮教《れんきょう》の法名《ほうみょう》をあたえられ、昔、仏光寺の始祖了源《りょうげん》が山科に建立した寺院の名にちなんで興正寺《こうしょうじ》の寺号をもつ寺院を建立したという（『反故裏書《ほごのうらがき》』▲）。

ところで、現在山科本願寺の古絵図として伝えられる「野村本願寺古御屋敷図」（次ページ「山科本願寺絵図」参照）には、「御本寺《ごほんじ》」すなわち本願寺のすぐ脇に「仏光寺帰尊地」が描かれている。おそらく興正寺をさすのであろう。本願寺

▼**『大谷本願寺通紀』**　本願寺十七世法如《ほうにょ》（西本願寺派）の命《めい》により玄智《げんち》が一七八五（天明《てんめい》五）年に撰した本願寺教団の史書。一七九二（寛政《かんせい》四）年増補。

▼**『反故裏書』**　蓮如の孫顕誓の撰した史書。一五六八（永禄《えいろく》十一）年成立。法然から顕如にいたる真宗の歴史を記す。

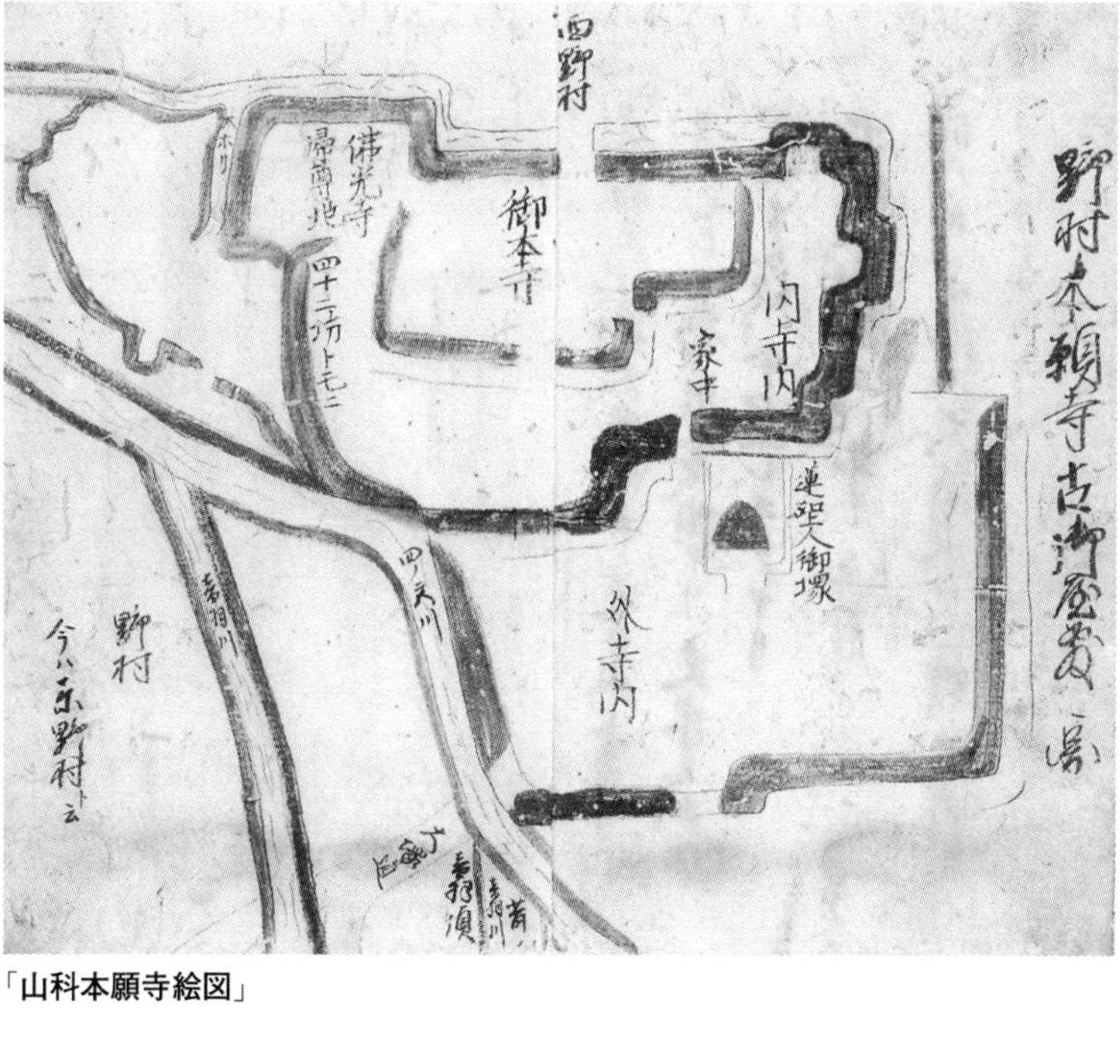

「山科本願寺絵図」

「家中《かちゅう》」の人びとが居住したと思われる「内寺内」の一角である。山科本願寺の敷地全体のこれほど中枢部に「仏光寺帰尊地」が位置しているとすれば、おそらく山科本願寺が建立されるプランが成立した時期には、すでに仏光寺門徒がここに興正寺を建立することが決まっていなければならないだろう。

顕誓《けんせい》の『反故裏書』には、仏光寺経豪は、父性善《しょうぜん》の死去した一四六九(文明元)年ごろから本願寺へ帰依したいとの志しがあったと記され、また七六(同八)年には本願寺教団と仏光寺門徒との接触が確認できるから、山科本願寺建立に際して、仏光寺経豪と彼の率いる仏光寺門徒らがかかわっていたという想定は可能であろうと思われる。仏光寺派のあいだでは、親鸞が関東に流刑に処せられてのち、京都に戻ってから山科に興正寺を建立したという伝説が共有されていた(『算頭録《さんずろく》』▲)。こうした点からみると、仏光寺門徒の動向として、山科に拠点を建立しようとする行動は自然であると思われる。いずれにしてもこれらの点は、今後の研究に待たなければならないだろう。

▼**『算頭録』**　仏光寺を建設した荒木《あらき》門流の了源が門徒に対して定めた掟《おきて》を記し、その基礎となる教理を説いたもの。一三二九(元徳《げんとく》元)年の奥書《おくがき》を有する。

教団体制の整備

仏光寺経豪ばかりではなく、山科本願寺が建立された時期から真宗諸派のなかで、蓮如に帰依する教団がめだつようになる。一四八二(文明十四)年には越前国横越証誠寺《よこごししょうじょうじ》の善鎮《ぜんちん》が蓮如に帰依した(『反故裏書』)。証誠寺は、鯖江誠照寺《さばえじょうしょうじ》、中野専照寺《なかのせんしょうじ》とともに真宗三門徒派の本寺であり、本願寺覚如の弟子であった越前大町如道《おおまちにょどう》に始まる門流である。一四九三(明応《めいおう》二)年には近江国木部《きべ》の錦織寺勝恵《きんしょくじしょうえ》がやはり門徒を率いて蓮如に帰依している(『反故裏書』)。錦織寺は、真宗木部派の本寺であり、存覚《ぞんがく》の弟子慈空《じくう》を開基としている。

これらの真宗門徒が蓮如に帰依したことは、本願寺教団の側からみれば、親鸞の弟子が「帰参」したという位置付けになるが、これは親鸞の弟子は当然にも本願寺門徒たるべきであるという、本願寺中心の見方である。むしろ、親鸞の教説を伝えた真宗諸派が、蓮如期に本願寺派に流入した結果、鎌倉期には弱小だった本願寺教団が、真宗諸派のなかでもおもだった存在へと発展したというのが実態だったのだろう。こうした発展には、蓮如個人の力量もあるが、天皇からの寄進や日野富子の参詣にみられるような、本願寺の社会的地位の向上も、かなりの要因であると思われる。

そしてこの時代から本願寺は、家の構造が整ってくるようになる。蓮如以降の世代を記した系図（次ページ）をご覧いただきたい。蓮如は生涯に一三男、一四女を儲けたが、その男子と男系の子孫のみを記したものである。

蓮如の長男順如は諱《いみな》を光助というが、このあと後継者の地位にいた者たちは、五男実如《じつにょ》（諱光兼）、実如子円如《えんにょ》（諱光融）、本願寺第十世証如《しょうにょ》（諱光教）、同第十一世顕如《けんにょ》（諱光佐）のように、「光」の字を上に、下にもう一字を加えた、「光□」という諱をもっている。

それに対して庶子《しょし》たちはどうか。蓮如の二男蓮乗《れんじょう》（諱兼鎮）、三男蓮綱（諱兼祐）、四男蓮誓（諱康兼）の諱にはとくに規則的な形式はない。一方、実如以後の蓮淳《れんじゅん》（諱兼誉）、蓮悟《れんご》（諱兼縁）、蓮芸《れんげい》（諱兼琇）、実賢《じつけん》（諱兼照）、実悟《じつご》（諱兼俊）らは、皆「兼□」という形式の諱で統一されている。上の「兼」が、実如の諱光兼の下の字であることは容易に気づかれよう。さらに証如の代の庶子の諱は、本宗寺実《じっ》勝《しょう》（諱教澄）、顕証寺《けんしょうじ》証淳《しょうじゅん》（諱教忠）、願証寺証恵《しょうえ》（諱教幸）のように、「教□」という形式である。

実如像

- 蓮如(兼寿)
  - 順如(光助)
  - 蓮乗(兼鎮)
  - 蓮綱(兼祐)
    - 蓮慶(兼玄)
      - 実慶(兼相)
      - 教宗(兼尭)
  - 蓮誓(康兼)
    - 実玄(兼芸)
    - 教誓(兼祐)
    - 顕誓(兼順)
  - 実如(光兼)
    - 円如(光融)
      - 証如(光教)
        - 顕如(光佐)
    - 実玄(兼珎)
    - 実円(兼澄)
      - 実勝(教澄)
        - 証専(教什)
  - 蓮淳(兼誉)
    - 実淳(兼盛)
    - 実恵(兼幸)
      - 証恵(教幸)
      - 証淳(教忠)
  - 蓮悟(兼縁)
  - 蓮芸(兼琇)
    - 実誓(兼詮)
      - 証誓(佐栄)
  - 実賢(兼照)
    - 実誓(教清)
  - 実悟(兼俊)
  - 実順(兼性)
  - 実孝(兼継)
  - 実従(兼智)
    - 証珍(佐順)
    - 顕従(佐厳)

※上が法名、(　)内が諱。

本願寺一族の諱　本願寺家の当主が「光□」の形式の諱を名乗る一方，庶子たちは，実如(諱光兼)の代には「兼□」の形式の諱を，証如(諱光教)の代には「教□」の形式の諱を名乗っている。『日野一流系図』をもとに作成。

こうした命名の形式は、武士の世界ではよくみられる、主従関係に基づく一字書出という命名法であり、たとえば将軍足利義政《よしまさ》の家来《けらい》として、下の一字をもらった細川政元《ほそかわまさもと》・大内政弘《おおうちまさひろ》などがそれにあたる。一族のなかでもたとえば戦国大名《だいみょう》朝倉氏一族では、当主は孝景《たかかげ》、氏景《うじかげ》、貞景《さだかげ》、義景《よしかげ》という、「□景」という形式の諱をもつのに対し、庶子は景冬《かげふゆ》、景総《かげふさ》、景高《かげたか》、景紀《かげのり》のような、「景□」という形式の諱をもつ。これが当主（家長《かちょう》）の「□景」という諱から下の一字をもらったものであることはいうまでもない。武士の世界でみられるような、惣《そう》領《りょう》（嫡子）に対し、庶子が家来格の位置につく、という関係は、原則として嫡子一人が家を、すべての所領・財産を含めて継承するという、嫡子単独相続という相続法の普及によって一般化されるといわれる。親鸞の本願寺一族もまた嫡《ちゃく》庶《しょ》の関係を整えていったことを、この諱をみることによってうかがうことができよう。

ところで、本願寺という家は、なにを一族の共有する結合環としていたのであろうか。ちょうど朝倉家が越前という国の大名として統治する一族であることを自任していたように、本願寺もまた自任する役割をその結合環としており、それは親鸞の子孫として、その主著『教行信証《きょうぎょうしんしょう》』の教義を相伝していくことであった（草野顕之『戦国期本願寺教団史の研究』）。彼らのあいだでは「一家衆《いっけしゅう》」のみに使用を許された「御一門の椀《わん》」があったと伝えられる（『本願寺作法之次第《さほうのしだい》』▲一〇一、『行実』五七一）が、この特権はその役割と表裏一体だったのだろう。

実如への住持委譲と隠居

一四八九（延徳《えんとく》元）年八月、蓮如は五男の実如に本願寺住持の地位を譲り、隠居した。そのおりに、実如が再三辞退すると、蓮如は「これほどにまで自分の言いつけを拒むとは、世間の次元では親不孝であり、仏法の次元では師匠に背くことである」と詰《なじ》ったという。これに対し、実如が自分は無学であり、門徒に教化することができないと弁明したところ、それなら『御文』に判をすえて門徒に下付すればよい、との蓮如の言葉でようやく了承したという（『栄玄記《えいげんき》』一一、『行実』七〇五）。

そしていったん実如に本願寺住持の地位を譲ったあとは、「代々の善知識」（本願寺住持をさす）は親鸞の名代《みょうだい》であるとし、蓮如の隠居先である大坂殿（後年

▼**『本願寺作法之次第』**　蓮如の第十男実悟の撰した記録の一つ。蓮如とその後継者実如の時代の本願寺の勤行《ごんぎょう》・作法などに関する記録。

に本山として本願寺となった）へ実如がやってくると、「自分が実如の父であるというのは私事の次元であり、自分は実如が訪問したことを開山《かいさん》、すなわち親鸞の来臨であると思っている」と公言し、盃《さかずき》などもまず実如にとらせ、そのあとに自分がとるようにしたとの逸話もある（同一六、同七一〇）。ここでいわれる親鸞の名代とは、親鸞と同等の宗教者、という意味ではなく、教団の中心となるべき本願寺一族の家長をさすといってよいであろう。

その家長を中心に親鸞の教義が、個別的な事情によるのではなく、集団の安定したシステムのなかで継承されていくことが蓮如のめざしたものだったと思われる。家という集団が社会の基礎的要素として普遍化するのは、近年の研究によれば意外に新しく、とくに武士階層およびそれ以下の庶民のあいだでは中世後期であったとされている。蓮如は親鸞の教義が後世に受け渡されていく可能性を、この時代に発達し広まりつつあった家というシステムに賭けたようにみえる。

実如に家督、すなわち本願寺住持の地位を譲って隠居する際、「功なり名遂げて、身しりぞくは天の道である」、「代を逃れて心安い」と述べたと伝えられる（『空善記《くうぜんき》』一、同一）。自分なしに、次世代が本願寺を安定して継承してゆけることをなによりも望み、死ぬまで現役として権力にしがみつこうとするようなさもしさはまったくない。次世代の時代への冷静な目と、彼らの将来の可能性に賭けようとする意図が、これらの逸話のものがたるものであるように思われる。

本願寺住持といえば、本願寺派本山の法主《ほっす》というカリスマ的な存在として、熱烈な信仰の対象であったという側面が、とかく強調されがちである。しかし「①一揆の教団に生きる」でもすでに述べたように、一方では一族や門徒団の支持なくしては法主たりえないという、一揆の構造の代表者という側面もあわせもっていた。蓮如の後継者となった実如が、弟の実悟に「本山の住持というものは、たとえ箸に目鼻をつけたような者であっても、門徒たちが皆慕っていると思って敬うものである」と打ち明けたと伝えられる（『本願寺作法之次第』一八六、同六五六）。

本願寺住持の地位は、組織の次元で重視すべきもの、と教団内部では考えられていたことをうかがわせる逸話である。教団が一揆の結束を要求されていた時代、本願寺住持は「(親鸞)聖人の御代官《おだいかん》」として、なによりも教団の代表者たる必要があった。こうした認識の原点は、蓮如にあるということができよう。

「功なり名遂げ」ての死去

一四八九(延徳《えんとく》元)年八月に引退した蓮如は山科本願寺の南殿《なでん》に移った(『空善記』一、『行実』一)。その後、河内国出口(同三七、同三七)、摂津国富田(同六三・六七・七〇、同六三・六七・七〇)とのあいだを何度か往復していたようである。そして一四九六(明応五)年秋、蓮如は摂津国東成《ひがしなり》郡生玉《いくたま》荘のうちにある大坂をみつけ、坊舎を建立し、ここに移住した。坊舎の役割は、あくまでも「信心決定の行者」を繁盛させることであり、世間には本願寺教団に悪意をもつ者もいるので「なにか煩わしい争い事などが起こったときには、ただちに執着《しゅうじゃく》の心を棄ててこの場所を退出せよ」と指示している(明応七〈一四九八〉年十一月二十一日「御文」、『遺文』一五六)。

のちに十六世紀になって、山科本願寺は戦乱のなかで焼失し、この大坂の坊舎が本山本願寺となった。織田信長《おだのぶなが》との抗争として知られる石山合戦《いしやまかっせん》の最末期、一五八〇(天正《てんしょう》八)年に、織田信長との和睦《わぼく》を行う際、あくまでも抗戦を主張する勢力と、当時の本願寺住持顕如を中心とする和睦賛成派とが教団のなかで対立する。顕如は、上記の蓮如の御文を引いて、大坂の地を織田信長に明け渡すことは、世俗的な争い事の際に、執着の心をすてよという、蓮如の教訓にかなったことであると強調している(『本願寺文書』)。

一四九八年夏、蓮如は病をえた(前掲「御文」、『遺文』一五六)。「往生《おうじょう》の本懐を遂げる」、すなわち死を覚悟した蓮如は、五月七日、山科本願寺の親鸞影像に暇乞《いとまご》いに参る決意をし、上洛《じょうらく》した(『空善記』九九、『行実』九九)。五月二十五日に御堂に参詣し、後ろ向きに輿《こし》に乗り、門徒の面々と名残りを惜しみながら大坂に帰ったと伝えられる(『蓮如上人《しょうにん》御一期記《ごいちごき》』、『空善記』一一四、『行実』一一四)。翌年二月、「往生」は確実であるとして、側近との談合で葬所の用意をしたが、にわかに上洛することになり、二月二十日に山科本願寺についた(『空善記』一二三、『行実』一二三)。三月七日には行水《ぎょうずい》し、衣装を改めて親鸞影像の前で暇乞いをし、極楽での再会を約したという(同一三三、同一三三)。そして三月二十五日に死去した。

死去に際してさまざまの奇瑞《きずい》があらわれたと伝えられる。死去した二十五日には、暁《あかつき》から大地がしきりに鳴ったといい、伝教大師《でんぎょうだいし》(最澄《さいちょう》)の死去したときも、弘法《こうぼう》大師(空海《くうかい》)が入定《にゅうじょう》したときも同様のことが起こっており、名僧の死去にはつきもののことと噂されたという(『蓮如上人御一期記』)。また御堂の前後左右の草がみな萎《しお》れてしまったとも伝えられる(同上)。

二十六日から七カ日のあいだ、一日に三度五色の花がふり、大坂でもふったという(『空善記』一四八、『行実』一四八)。紫雲《しうん》も立ったと、平安《へいあん》期の往生伝さながらの奇瑞も伝えられている(『蓮如上人御一期記』)。さらに泉涌寺《せんにゅうじ》の長老・僧侶らが山科野村の方角をみると、空に紫雲が立ち、花がふっているようすがみえたので、本願寺の上人すなわち蓮如は只者《ただもの》ではなかったと、口々に噂し、泉涌寺の長老はまわりの僧侶に、蓮如は親鸞の化身であったという越後《えちご》からきた僧侶の言説を語ったという(「実悟記」一一一、『行実』四三七)。また蓮如は法然の化身であるから、二十五日に往生するとの夢想をみた人が、二月九日に上洛して教化を受け、はたして二十五日に死去したことから、法然の化身であると確信して信心を深めたとの伝承もある(同一一〇、同四三五)。

⑤ 戦国の宗教界のなかで

一向専修の念仏

さて、これまでみてきたような伝道活動を行った蓮如が人びとに説き続けた教えの内容について、最後に簡単にみておきたい。蓮如が是非とも人びとに伝えようとしたのは親鸞《しんらん》の教えで、その内容は、「他力本願《たりきほんがん》」「他力の念仏《ねんぶつ》」「他力の信心《しんじん》」などと呼ばれる。「他力」というのは、単純化していえば、みずからは「凡夫《ぼんぶ》」であり、みずからを救済する力量はないという自覚に立った信仰を意味する。みずからが無力である以上、その力量をもつ存在に縋《すが》らなくては極楽往《ごくらくおう》生《じょう》、つまり救済はありえない。その力量をもち、「一切衆生《いっさいしゅじょう》」を救うことのできる存在こそが阿弥陀仏《あみだぶつ》であり、その力量により救われると確信すれば救済されることになる。

たとえば、現存するもっとも古い「御文《おふみ》」には次のように説かれている。「親鸞聖人《しょうにん》が教えて下さった信心の意味は、自分自身の罪が重いか軽いかには関係なく、妄念《もうねん》・妄執《もうしゅう》など煩悩《ぼんのう》のなせる執着《しゅうじゃく》を棄てられない劣った資質の者であるかないかも関係なく、在家《ざいけ》に暮らす俗人たちは、ひたすらもろもろの雑行《ぞうぎょう》・雑修《ざっしゅ》に惹かれる心を棄てて、阿弥陀如来《にょらい》（阿弥陀仏）が立てた万人《ばんにん》救済の誓いを信じ、疑いの気持ちを棄て、阿弥陀如来に縋る気持ちが起こる時に、阿弥陀如来は光明を放って、その人を救って下さるという意味である。すなわち、その確信は、仏の側から救って下さるということであり、仏の方から確信を与えて下さるということである」と（寛正《かんしょう》二〈一四六一〉年三月「御文」、『遺文』一）。

みずからを救済する力量のない「凡夫」は罪をおかすことなくしては生きられないし、煩悩をすてることなどできない。それならば「凡夫」に救済などありえないことになる。しかし救済は阿弥陀仏の力によるとなれば、「凡夫」にも救いの道が開かれるのであり、その力を信じることが救済をもたらすのである。

そのためにはひたすら阿弥陀仏の力を信じることが必要である。しかし世間《せけん》の人はともすれば、阿弥陀仏以外のさまざまな神やさまざまな仏の力を頼んだり、信心以外にも、神仏に寄付をしたり、占いや参詣に救いの願いを託したりするが、それは雑行・雑修である。その雑行・雑修を行うかぎり、真実に阿弥陀仏の力量を確信しているとはいえないことになる。そしてこうした信仰をすべて振りすてた結果、阿弥陀仏のみに縋ろうとする気持ちが起こったときに、阿弥陀仏のほうから救いがもたらされる。阿弥陀仏のみに縋ろうとする、救いの道につながる確信も、阿弥陀仏の側からあたえてくださるものである、というのがおよその意味である。

一神教と多神教

以上が蓮如の説く教義の、もっとも単純化された概略であるが、そのなかでこれまで注目され重視されてきたのは、雑行・雑修を放棄するという点であった。この点のみに注目すると、阿弥陀仏以外の、大日如来《だいにちにょらい》、薬師如来《やくし》など仏教で説かれる諸仏や、観音菩薩《かんのんぼさつ》、文殊菩薩《もんじゅ》などの利益《りやく》を信じることは、蓮如の説く教えでは否定されることになる。また日本の神々である伊勢《いせ》、八幡《はちまん》をはじめとする神々を信じることも、蓮如の説く教えでは否定されることになる。すなわち蓮如の教義にある雑行・雑修を放棄するという点を突き詰めていえば、日本では古代以来の神仏への信仰のほとんどを否定することになるのである。

俗に日本人は八百万《やおよろず》の神を信じる多神教《たしんきょう》の徒であるといわれる。どのような神格もそれなりに意味のある存在として信仰することが、日本人の特性であるかのごとくいわれてきた。たしかに現代の日本人の大部分は、とくに抵抗もなくさまざまな神社に詣で、寺院の本尊が阿弥陀であるか、大日如来であるかなどあまり頓着《とんじゃく》せずに手をあわせるのが普通である。皮肉まじりにいわれるように年末となればクリスマスを祝い、年始になれば初詣に出向く。どんな神格もそれなりに受け入れるのがたしかに日本人の普通の行動といえる。

ところが真宗《しんしゅう》の教義は、唯一阿弥陀仏にのみ帰依《きえ》することを説いている点で、日本の在来宗教のなかではひときわ異彩を放っているようにみえる。こうした点から真宗は、日本人のよくいえば寛容、悪くいえばルーズな宗教感情とは一線を画す宗派としてみられることが多かった。そのような、一神教《いっしんきょう》的な宗派であるからこそ、権力者に抵抗するような一向一揆《いっこういっき》を起こしたのだとも考えられてきた。蓮如から約一〇〇年後に起こった、織田信長《おだのぶなが》の政権に抗する本願寺《ほんがんじ》教団の武装蜂起もしばしば、こうした文脈で言及されることが多い。真宗の教義と一向一揆との密接な関係を探ろうとした研究も行われてきた。ただし一向一揆についていえば、本書の「③門徒の一揆のなかで」で述べたように、その実態は、必ずしも真宗の教義と密接にかかわる、いわゆる宗教一揆ではないが。

明治プロテスタントの思想

前述の記述から、真宗をキリスト教に近い存在と感じられた読者も多いのではないだろうか。実は雑行・雑修の否定する真宗を、一神教に通じるものとして最初に注目したのは、事実キリスト教徒であった。真宗はしばしば、「鎌倉《かまくら》新仏教」すなわち鎌倉時代にその宗祖《しゅうそ》が出現した浄土《じょうど》宗、真宗、臨済《りんざい》宗、曹洞《そうとう》宗、日蓮《にちれん》宗、時《じ》宗のなかでもその典型のようにいわれることが多い。「鎌倉新仏教」の特徴とされる選択《せんちゃく》（数ある教えのなかから特定の一つを選ぶこと）・専修《せんしゅう》（その一つに専念して他を顧みないこと）・易行《いぎょう》（選ばれた少数の強者ではなく大多数の弱者でも可能な修行）という特徴に、真宗はよくあてはまるからである。

そして大隅和雄氏によれば、「鎌倉新仏教」は、内村鑑三《うちむらかんぞう》▲をはじめとする明治期のプロテスタントたちの手で創出されたものだったのである（『中世仏教の思想と社会』）。大隅氏によれば、彼らは「キリスト教において最も正しい姿をとってあらわれる宗教的なるもの」の日本における伝統をたずね、「純化された信仰

▼内村鑑三　一八六一〜一九三〇。明治時代のキリスト者。高崎《たかさき》藩士《はんし》の家に生まれ、札幌農学校在学中に受洗。卒業後渡米しアーモスト大学在学中に贖罪《しょくざい》の回心《かいしん》を体験。帰国後第一高等中学校の教員になったが、教育勅語《きょういくちょくご》への礼拝を拒否して辞職（いわゆる「不敬《ふけい》事件」）。その後『万朝報《よろずちょうほう》』主筆など、文筆により活動。主著に『余は如《い》何《か》にして基督《キリスト》信徒となりし乎《か》』『代表的日本人』がある。

の姿を求めて法然《ほうねん》・親鸞・日蓮などに邂逅《かいこう》したという(同上)。いいかえればこれら「鎌倉新仏教」の祖師《そし》たちは、彼らには日本における「キリスト教的なもの」の体現者にみえたということになる。事実、彼らは法然・親鸞・日蓮をしばしばルターやカルヴァンに対比していた。

こうしたプロテスタントの見方が歴史学のなかにも取り入れられ、原勝郎の「東西の宗教改革」という論文のなかで、「鎌倉新仏教」が宗教改革の産物とされ、それが「鎌倉新仏教」の概念を特徴づけることになる。そのなかでも親鸞は、プロテスタント的な把握にもっともよく適合する宗教家と考えられたという。親鸞を阿弥陀仏という唯一の神格のみに帰依し、その信仰を貫きとおした宗教家とみるのはプロテスタントの思想による把握と考えることができよう。つまり真宗がキリスト教的にみえるとすれば、それはキリスト教徒による親鸞の教義の解釈であるという点による部分が多いということになる。

諸神・諸仏・諸宗の肯定

しかし蓮如の説く親鸞の教えは、これとはかなり異なった印象をあたえることも事実である。プロテスタントを生んだヨーロッパの宗教改革においては、しばしば他者の信仰を邪教《じゃきょう》として否定し、それとの武力対決をも辞さない場面が多く、いわゆるカトリック側もプロテスタント側も、信仰上の敵対者を武力で攻撃したことはよく知られている。ところが蓮如は他人との論争によって信仰を批判したり、否定したりすることはかたく禁止し、まして武力に訴えることは論外の行為として否定していた。武力行使が許されるのは、相手方が武力による信仰の抹殺をはかった場合のみであり、さきにみたように蓮如は高田《たかだ》派との一四七四(文明《ぶんめい》六)年の抗争についてのみ、武力行使を是認している。

たとえば蓮如は、「今聴聞《ちょうもん》した教えの趣旨は、しっかりと心中にしまっておいて、他の宗派の人に話してはいけないし、公《おおやけ》の場で他人をはばからず、自らの信仰を主張してはならない。また諸々の神仏をおろそかにしてはならない」(文明六年二月十七日「御文」、『遺文』五四)と説く。「諸宗派の教えは、どれもみな釈迦《しゃか》如来の金言であり、どれが優れていてどれが劣っているということはない。どれかを選びどれかを否定するということはしてはならないし、みな救われるために意味がある。ただ今は末法《まっぽう》の時代であり、人々の宗教的資質が劣っているから、阿弥陀仏の力によるほか救いの道がないので、阿弥陀仏を信じなくてはならない」とも説いている(文明九〈一四七七〉年十月「御文」、同九五)。

また蓮如はしばしば「阿弥陀仏に帰依すれば、他の総ての神仏に帰依するのと同じことである」といっている(たとえば文明六年正月十一日「御文」、同五〇)。要するに、蓮如は他の神仏の価値を否定してはいないから、雑行・雑修を否定しているからといって、ただちに真宗をプロテスタント風の一神教とみることはできない。むしろ真宗は、すべての宗派の存在は否定しないが、凡夫としての立場からは阿弥陀仏に縋る以外、救済の道はないといっているのである。

それでは何故、雑行・雑修を否定せよというのか、次の「御文」をみよう。「雑行とは何かといえば、阿弥陀仏以外の仏もその他の功徳《くどく》や善根《ぜんこん》、或いは一切の神々などに、現世の役にも立たない瑣事《さじ》を祈ることであり、よろしくない。中には、阿弥陀仏のみに帰依するなどと言って、付き合いを狭《せば》めないで、一切の功徳・善根、一切の神仏総てに縋ったら鬼に金棒ではないか、と思う者もいるかもしれない。しかし実はこれが、却《かえ》ってよろしくないことなのである。よく言うではないか、『忠臣は二人の主君に仕えることはない、貞女《ていじょ》は複数の夫に嫁ぐことはない』と。世間の事柄でさえ、誠を尽す時は他を顧みないのだから、まして仏法の事柄については、ひたすら一つを追求する気持ちがなくては救いに与る《あずか》ことはない」〈文明五〈一四七三〉年十二月十三日「御文」、同四三〉と。

いいかえれば、一向専修の念仏とは、他の教えが心に向かないほどの集中力がなくてはかなわない事柄だということになる。そのような集中が雑行・雑修を否定することで、他の教えの価値を認めないという意味ではない。その価値は十分認めながら、それらを顧みる心の余裕などないほど、念仏にわき目もふらずに集中しているということを説いているといえよう。

諸宗同一の観念

鎌倉時代には、前述のように法然をはじめとする「鎌倉新仏教」の祖師たちにより諸宗派が創出されたが、その一方で仏教の宗派はもともとどれも釈迦の教えであり、そのすべては一つに帰一するものであるとの考え方も強かった。『沙石集《しゃせきしゅう》』という仏教説話集を著わしたことで知られる無住《むじゅう》という僧侶は、一般に八万四〇〇〇もあるといわれる仏法の法門は、いわばみせかけの違いなのであって、それらすべてが実は一つに帰一するのだと考え、どれか一つだけに価値をみいだそうとする考え方をかたよった見方として批判していた。

同じような考え方は鎌倉時代に歌人《かじん》として知られる阿仏尼《あぶつに》の作と伝えられる『庭《にわ》の訓《おしえ》』(『乳母《めのと》の文《ふみ》』)という教訓書にもみられる。これは阿仏尼が女房として奉公《ほうこう》する娘のために書いたともいわれるものであるが、そこには仏法の信心について、「どの教えも同じことだとして、あれこれに手を出すようでは気が散って信心は成就しない。必ず一つを定め、わき目もふらずに信仰しなくてはならない。しかし、だからといって自分の信じた教えだけが正しくて、他のものはろくでもないもの、というように貶《おとし》めることはよくない」と説かれている。

あれこれに手をだすような専心の欠如を非とするとともに、自分の信じた教えのみを是として他を否定することも非としている点で、まさに「御文」の教説に通じるものであるが、その考え方の根底には「どの教えも同じ」という観念がある。無住が説いた考え方がここにもみいだされるのである。

このような仏法に対する見方は、南北朝《なんぼくちょう》時代に、南朝方の指導者の一人として活躍した北畠親房《きたばたけちかふさ》の『神皇正統記《じんのうしょうとうき》』▲にもみられる。そこには「仏法には多

▼**『神皇正統記』**　北畠親房(一二九三〜一三五四)の撰した史書。常陸国《ひたちのくに》小田城《おだじょう》で執筆。後村上《ごむらかみ》天皇にいたる南朝の皇統が正統であることを明らかにするために歴代天皇の年代記を記す。後村上天皇のために書かれたとされる。

様な教えがあるのが当然のことであり、ある宗旨《しゅうし》をよいとして肯定し、別のものを悪いとみて軽蔑したりすることはたいへんあやまっている。人の宗教的資質は多様なのだから、教えも無限にあるのが、当然である」との主張が述べられている。こうしてみると、そもそも真宗の開祖親鸞からして「万《よろず》の仏・菩薩を軽んじたてまつったり、万の神々や目にみえない力を侮《あなど》りたてまつったりすることは、けっしてあってはならない」と弟子たちに説いていたことが思いだされる。

真宗でいう雑行・雑修の否定とは、たとえばキリスト教にみられるような一神教的排他性とは、もともと異なった信仰の世界から生まれたものであるといえよう。そのような真宗が、諸神・諸仏の価値を承認していることはある意味で当然であるともいえよう。そして蓮如の生きた戦国時代にも、数ある仏教の諸宗派は、結局同じ一つのものとみる考え方は珍しくなかった。

『阿弥陀裸《はだか》物語』という仮名法語《かなほうご》は、著名な一休《いっきゅう》▲が、小笹少将《おざさしょうしょう》なる人物の質問にいちいち答えるという問答形式で書かれているが、ここでも各宗派は、結局、同一無二の仏にいたるという同じ目的をもつことが主張されている。た

▼**一休**　一三九四～一四八一。一休宗純《そうじゅん》。臨済《りんざい》宗大徳寺《だいとくじ》派の僧。後小松《ごこまつ》天皇の子で、華叟宗曇《かそうそうどん》に私淑し近江《おうみ》国堅田《かたた》の祥瑞庵《しょうずいあん》に参禅し、一休の道号《どうごう》をあたえられた。風《ふう》狂《きょう》破戒《はかい》の行動により知られる。

とえば「諸宗派が同一であるのなら、何故他人の宗派を批判し、自分の宗派の正当性を争う宗論《しゅうろん》が現実に行われるのか」との問いに対し、一休は次のように答える。「宗論で争われているのはどの宗派が正当か、ではなく、どの宗派の方法が、同一無二の仏を悟る方法として適切かについて争っているのだ。どの宗派も結局は同一無二の仏の境地に到達することに変わりはない。古い歌にもあるではないか、『分け登る麓《ふもと》の道は多けれど、同じ雲井《くもい》の月を眺むる』と」と。

蓮如の、阿弥陀仏のうちに一切の諸神・諸仏が籠《こも》っているとの主張と符合するものといえよう。蓮如は数ある諸宗派と論争し、それを否定するために雑行・雑修の否定を説いたのではない。戦国の仏教界で流通していた諸宗は同一という観念と共存しつつ、雑行・雑修の否定を説いたのである。一般の人びとが、いわば常識としていた仏教観を否定せず、いいかえれば民衆とともにあゆみつつ、親鸞の教えを説いたことに蓮如の教化の真骨頂があるように思われる。

信仰と一揆

以上述べてきたような教説に対応し、信仰の実践において蓮如が門徒に求めたことも、中世の人びとが日常的に慣れ親しんでいる形式のものだった。門徒たちは信心を高めるために毎月一度の会合でおたがいの信心を語りあい、議論しあった。その議論を蓮如はきわめて重視していた。「仏法を讃嘆し談合することが悟りの知恵」だともいったという(「実悟旧記」八七、『行実』二五〇)。その場ではみずからの信心を包み隠さず表明することが求められた。「同行《どうぎょう》▲の寄合の場では信不信にかかわりなく物を言え」(同一九、同一八二)、「世間の会合ではともかく、仏法の讃嘆の場では物を言わないことは非常な誤りで互いに信不信の談合をすべし」(同一三二、同二九五)、「仏法の談合で物を言わないのは信心がない証拠だ」(同一三九、同三〇二)などの言葉が伝えられている。

　蓮如の門徒への訓戒を実悟の記した語録からみてみよう。「讃嘆と談合が悟りの知恵」との言葉どおり、門徒たちの「談合」が重視されていた。同行のいうことは「ただよく聞き、自分の内心を同行と談合せよ」(同七一、同二三四)、「愚者三人に智者一人、といって何事も談合すれば収穫があるものだ」(同一八三、同三四六)という。仏法にかかわる他者との交流こそが信心を高める有力な方法だとして、「同行・善知識《ぜんちしき》▲に親しまないのはよくない。その人を知ろうと思

▼**同行**　志しを同じくしてともに行をする者の意。真宗では門信《もんしん》徒《と》、すなわちともに念仏する信者たちをさす。

▼**善知識**　仏法に関して正しい知識をあたえ、仏道にはいらしめる人の意。ここでは信仰の指導者をさす。蓮如はこの信仰の指導者の存在を往生がかなう要件の一つとして重視した。

えば友を見よとの言葉通り、人は日頃の習慣でよくも悪くもなるのだから、仏法者に馴染むことが大事だ」（同八四、同二四七）といったともいう。

とくに他者との交流を修行同等にみなす言説もめだつ。「人の欠点はよくみえるが、自分のそれには気づかないものである。人の言うことに注意を傾注せよ」（同一三一、同二九四）、「世間では他人に負けまいとするのが普通であるが、仏法は無我が大事であり、他人に負けて信心を獲得するべし」（同九五、同二五八）との言葉がある。「仏法については他人によく聞くがよい。仏法は知りそうもない者がえてして知っているものだ」（同一〇二、同二六五）、「他人の言葉が納得できない場合も、当座は了承したように振舞うべきである。さもなければ、二度と言ってくれなくなる」（同五五、同二一八）との言葉もある。経典《きょうてん》や聖教《しょうぎょう》のみならず、文字にされない知恵を他者に求めることも必要であった。

もちろん教団内で「往生は一人一人の課題」（同一〇七、同二七〇）ともいわれていたように、信心をえて救済にいたることは自身のみの課題である。しかし自身の修行を導くのは他者を介してあたえられる知恵なのである。こうした発想は、実は重大な課題に関しては衆議の場で決定するという、中世に普遍的にみられた一揆の作法に通じるものである。衆議の場では、周囲の大勢に抗して、「心底を残さず」すなわち内心を包み隠さずに発言することが求められ、その場の議論で多数を占めた意見が全体の決定、すなわち一揆の決定とされた。みなの前で「全く自分は信心がないと発言する方が、信心顔の言説で周囲に合わせるより勝る。こうして事を紛《まぎ》らわして地獄に落ちることこそ悲しい」(同七、同一七〇)との蓮如の言葉と、みごとに響きあう思考ではないだろうか。

「聖教を読んでも名誉心が先に立って心に仏法がなければ人に信用されない」(同二九、同一九二)との言葉からもうかがえるように、蓮如は信心と、聖教・経典の学問とを区別して考えていたように思われる。その理由はさまざまあろうが、一つには、救済にあずかりえるような信仰は、どちらかといえば学問の外に、それも在家の俗人たちのあいだに伝えられた知恵のなかにあると思っていたからかも知れない。中世の人びとが長い歴史のなかで伝承してきた知恵に注目したことは、中世の仏教者らしい特色の一つになっているように思われる。

写真所蔵・提供者一覧(敬称略, 五十音順)
願得寺・本願寺史料研究所　　p.17
京都　安居院　西法寺　　p.13
光照寺・読売新聞社　　p.61
照西寺・本願寺史料研究所　　p.27
浄照坊・本願寺史料研究所　　p.23
真正極楽寺　　カバー表
専光寺・読売新聞社　　カバー裏右
天満定専坊　　p.65
本願寺　　扉, p.7
本善寺　　カバー裏左
本福寺・本願寺史料研究所　　p.16右
了賢寺　　p.16左

参考文献

青木馨『蓮如上人ものがたり』真宗大谷派宗務所出版部, 1995年
青木馨・木越祐馨・真宗史料刊行会編『大系 真宗史料・伝記編５・蓮如伝』法蔵館, 2009年
稲葉昌丸編『蓮如上人行実』大谷大学出版部, 1928年, 法蔵館, 1948年復刻
稲葉昌丸編『蓮如上人遺文』法蔵館, 1937年
井上鋭夫『一向一揆の研究』吉川弘文館, 1968年
上場顕雄・真宗史料刊行会編『大系 真宗史料・文書記録編７・蓮如法語』法蔵館, 2010年
遠藤一『戦国期真宗の歴史像』永田文昌堂, 1991年
大隅和雄『中世仏教の思想と社会』名著刊行会, 2005年
岡村喜史・真宗史料刊行会編『大系 真宗史料・文書記録編６・蓮如御文』法蔵館, 2008年
梯実円・名畑崇・峰岸純夫『蓮如大系』第１巻～第５巻, 法蔵館, 1996年
笠原一男・井上鋭夫校注『蓮如・一向一揆』〈日本思想大系17〉岩波書店, 1972年
堅田修編『蓮如とその教団』〈真宗史料集成２〉同朋舎出版, 1997年
神田千里『一向一揆と真宗信仰』吉川弘文館, 1991年
神田千里編『民衆の導師　蓮如』〈日本の名僧13〉吉川弘文館, 2004年
神田千里『宗教で読む戦国時代』講談社, 2010年
金龍静『蓮如』〈歴史文化ライブラリー 21〉吉川弘文館, 1997年
金龍静『一向一揆論』吉川弘文館, 2002年
草野顕之『戦国期本願寺教団史の研究』法蔵館, 2004年
浄土真宗教学研究所・本願寺史料研究所編『講座 蓮如』第１巻～第６巻, 平凡社, 1996～98年
真宗大谷派教学研究所編『蓮如上人行実』真宗大谷派宗務所出版部, 1994年
谷下一夢『増補・真宗史の諸研究』平楽寺書店, 1941年, 同朋舎出版, 1997年
千葉乗隆『蓮如上人ものがたり』本願寺出版社, 1998年
辻善之助『日本仏教史』中世篇之五, 岩波書店, 1951年
早島鏡正編『蓮如のすべて』新人物往来社, 1995年
本願寺史料研究所編『蓮如上人五百回遠忌記念　図録　蓮如上人余芳』本願寺出版社, 1998年
本願寺史料研究所編『増補改訂 本願寺史』第１巻, 本願寺出版社, 2010年
源了円『蓮如』〈浄土仏教の思想12〉講談社, 1993年
峰岸純夫『中世社会の一揆と宗教』東京大学出版会, 2008年
森龍吉『蓮如』講談社, 1993年
山折哲雄『人間蓮如』春秋社, 1970年, JICC出版局, 1993年
山折哲雄・大村英昭編『蓮如―転換期の宗教者―』小学館, 1997年
吉田一彦・脊古真哉「本願寺順如裏書の方便法身尊像(一)(二)」『名古屋市立女子短期大学研究紀要』56・57, 1996・97年
吉田一彦・脊古真哉「本願寺順如裏書の方便法身尊像(三)」『名古屋市立大学人文社会学部研究紀要』５, 1998年

蓮如とその時代

西暦	年号	齢	おもな事項
1415	応永22	1	この年，京都東山に生まれる。父は本願寺存如，母は存如の母の侍女
1431	永享3	17	この年，青蓮院で得度
1436	8	22	*8*- 京都金宝寺教俊に『三帖和讃』を下付
1457	長禄元	43	*6*- 存如没。蓮如，本願寺住持となる
1458	2	44	*6*- 近江国金森の道西の所望で『正信偈大意』を撰する
1461	寛正2	47	*3*- 最初の「御文」執筆。*12*- 近江堅田の法住に連座像を下付
1465	6	51	*1*- 山門衆徒，東山本願寺を襲撃。*3*- 山門衆徒，再度本願寺を攻撃。蓮如，京都を逃れる
1467	応仁元	53	*3*- 山門衆徒と光養丸を後継とすることで和解。*5*- 応仁の乱，始まる
1469	文明元	55	この年，近江国大津南別所に御坊建立，親鸞影像を安置
1471	3	57	*4*- 越前国吉崎に赴く。*7*- 吉崎に坊舎建立
1473	5	59	*3*-『正信偈』『三帖和讃』を版行する
1474	6	60	*7*- 本願寺門徒，富樫政親と結び，守護富樫幸千代・高田門徒と戦い，10月にいたり勝利
1475	7	61	*3*- 本願寺門徒，富樫政親と争う。*8*- 蓮如，吉崎を退去し河内国出口にいたる。*11*- 出口で報恩講を行う
1477	9	63	この年，応仁の乱，終息する
1478	10	64	*1*- 河内国より上洛。この年，山科で坊舎の建立を始める
1480	12	66	*8*- 山科本願寺建立について，朝廷より寄進を受ける。*10*- 日野富子，山科本願寺に参詣する。*11*- 親鸞影像を大津より山科に移す
1481	13	67	この年，仏光寺経豪，蓮如に帰依し，蓮如，蓮教の法名を授与
1482	14	68	この年，証誠寺善鎮，蓮如に帰依
1487	長享元	73	*3*- 青蓮院尊応，蓮如に加賀・越中の門徒を制止するよう命令する。*9*- 将軍足利義尚，六角高頼討伐に近江国坂本に出陣
1488	2	74	*6*- 富樫政親，加賀国高尾城で一揆に攻められ自殺。*7*- 蓮如，加賀門徒の行動を制止する御書を発する
1489	延徳元	75	*8*- 本願寺住持を実如に譲り，隠居する
1490	2	76	*10*- 実如に譲状を書く
1493	明応2	79	*4*- 細川政元，将軍足利義材を廃し，足利義澄を擁立。この年，錦織寺勝恵，蓮如に帰依
1496	5	82	この年，大坂に坊舎の建立を開始する
1497	6	83	*11*- 大坂の坊舎完成(のちに大坂本願寺となる)
1499	8	85	*3*- 山科本願寺で死去

神田千里(かんだ ちさと)
1949年生まれ
東京大学大学院人文科学研究科博士課程単位取得退学
専攻，日本中世史
現在，東洋大学名誉教授
主要著書
『一向一揆と戦国社会』(吉川弘文館1998)
『一向一揆と石山合戦』(戦争の日本史14，吉川弘文館2007)
『宗教で読む戦国時代』(講談社2010)
『島原の乱』(講談社学術文庫，講談社2018)
『顕如』(ミネルヴァ書房2020)

日本史リブレット人 041
蓮如《れんにょ》
乱世の民衆とともに歩んだ宗教者
2012年9月20日　1版1刷　発行
2022年4月15日　1版3刷　発行
著者：神田千里《かんだちさと》
発行者：野澤武史
発行所：株式会社 山川出版社
〒101－0047　東京都千代田区内神田1－13－13
電話　03(3293)8131(営業)
　　　03(3293)8135(編集)
https://www.yamakawa.co.jp/
振替　00120-9-43993
印刷所：明和印刷株式会社
製本所：株式会社 ブロケード
装幀：菊地信義

Printed in Japan ISBN 978-4-634-54841-1

日本史リブレット 人

1 卑弥呼と台与——仁藤敦史
2 倭の五王——森 公章
3 蘇我大臣家——佐藤長門
4 聖徳太子——大平 聡
5 天智天皇——須原祥二
6 天武天皇と持統天皇——義江明子
7 聖武天皇——寺崎保広
8 行基——鈴木景二
9 藤原不比等——坂上康俊
10 大伴家持——鐘江宏之
11 桓武天皇——西本昌弘
12 空海——曾根正人
13 円仁と円珍——平野卓治
14 菅原道真——大隅清陽
15 藤原良房——今 正秀
16 宇多天皇と醍醐天皇——川尻秋生
17 平将門と藤原純友——下向井龍彦
18 源信と空也——新川登亀男
19 藤原道長——大津 透
20 清少納言と紫式部——丸山裕美子
21 後三条天皇——美川 圭
22 源義家——野口 実
23 奥州藤原三代——斉藤利男
24 後白河上皇——遠藤基郎
25 平清盛——上杉和彦
26 源頼朝——高橋典幸
27 重源と栄西——久野修義
28 法然——平 雅行
29 北条時政と北条政子——関 幸彦
30 藤原定家——五味文彦
31 後鳥羽上皇——杉橋隆夫
32 北条泰時——三田武繁
33 日蓮と一遍——佐々木馨
34 北条時宗と安達泰盛——福島金治
35 北条高時と金沢貞顕——永井 晋
36 足利尊氏と足利直義——山家浩樹
37 後醍醐天皇——本郷和人
38 北畠親房と今川了俊——近藤成一
39 足利義満——伊藤喜良
40 足利義政と日野富子——田端泰子
41 蓮如——神田千里
42 北条早雲——池上裕子
43 武田信玄と毛利元就——鴨川達夫
44 フランシスコ＝ザビエル——浅見雅一
45 織田信長——藤田達生
46 徳川家康——藤井讓治
47 後水尾院と東福門院——山口和夫
48 徳川光圀——鈴木暎一
49 徳川綱吉——福田千鶴
50 渋川春海——林 淳
51 徳川吉宗——大石 学
52 田沼意次——深谷克己
53 遠山景元——藤田 覚
54 酒井抱一——玉蟲敏子
55 葛飾北斎——大久保純一
56 塙保己一——高埜利彦
57 伊能忠敬——星埜由尚
58 近藤重蔵と近藤富蔵——谷本晃久
59 二宮尊徳——舟橋明宏
60 平田篤胤と佐藤信淵——小野 将
61 大原幽学と飯岡助五郎——高橋 敏
62 ケンペルとシーボルト——松井洋子
63 小林一茶——青木美智男
64 鶴屋南北——諏訪春雄
65 中山みき——小澤 浩
66 勝小吉と勝海舟——大口勇次郎
67 坂本龍馬——井上 勲
68 土方歳三と榎本武揚——宮地正人
69 徳川慶喜——松尾正人
70 木戸孝允——一坂太郎
71 西郷隆盛——徳永和喜
72 大久保利通——佐々木克
73 明治天皇と昭憲皇太后——佐々木隆
74 岩倉具視——坂本一登
75 後藤象二郎——村瀬信一
76 福澤諭吉と大隈重信——池田勇太
77 伊藤博文と山県有朋——西川 誠
78 井上馨——神山恒雄
79 河野広中と田中正造——田崎公司
80 尚泰——川畑 恵
81 森有礼と内村鑑三——狐塚裕子
82 重野安繹と久米邦武——松沢裕作
83 徳富蘇峰——中野目徹
84 岡倉天心と大川周明——塩出浩之
85 渋沢栄一——井上 潤
86 三野村利左衛門と益田孝——森田貴子
87 ボワソナード——池田眞朗
88 島地黙雷——山口輝臣
89 児玉源太郎——大澤博明
90 西園寺公望——永井 和
91 桂太郎と森鷗外——荒木康彦
92 高峰譲吉と豊田佐吉——鈴木 淳
93 平塚らいてう——差波亜紀子
94 原敬——季武嘉也
95 美濃部達吉と吉野作造——古川江里子
96 斎藤実——小林和幸
97 田中義一——加藤陽子
98 松岡洋右——田浦雅徳
99 溥儀——塚瀬 進
100 東条英機——古川隆久

〈白ヌキ数字は既刊〉